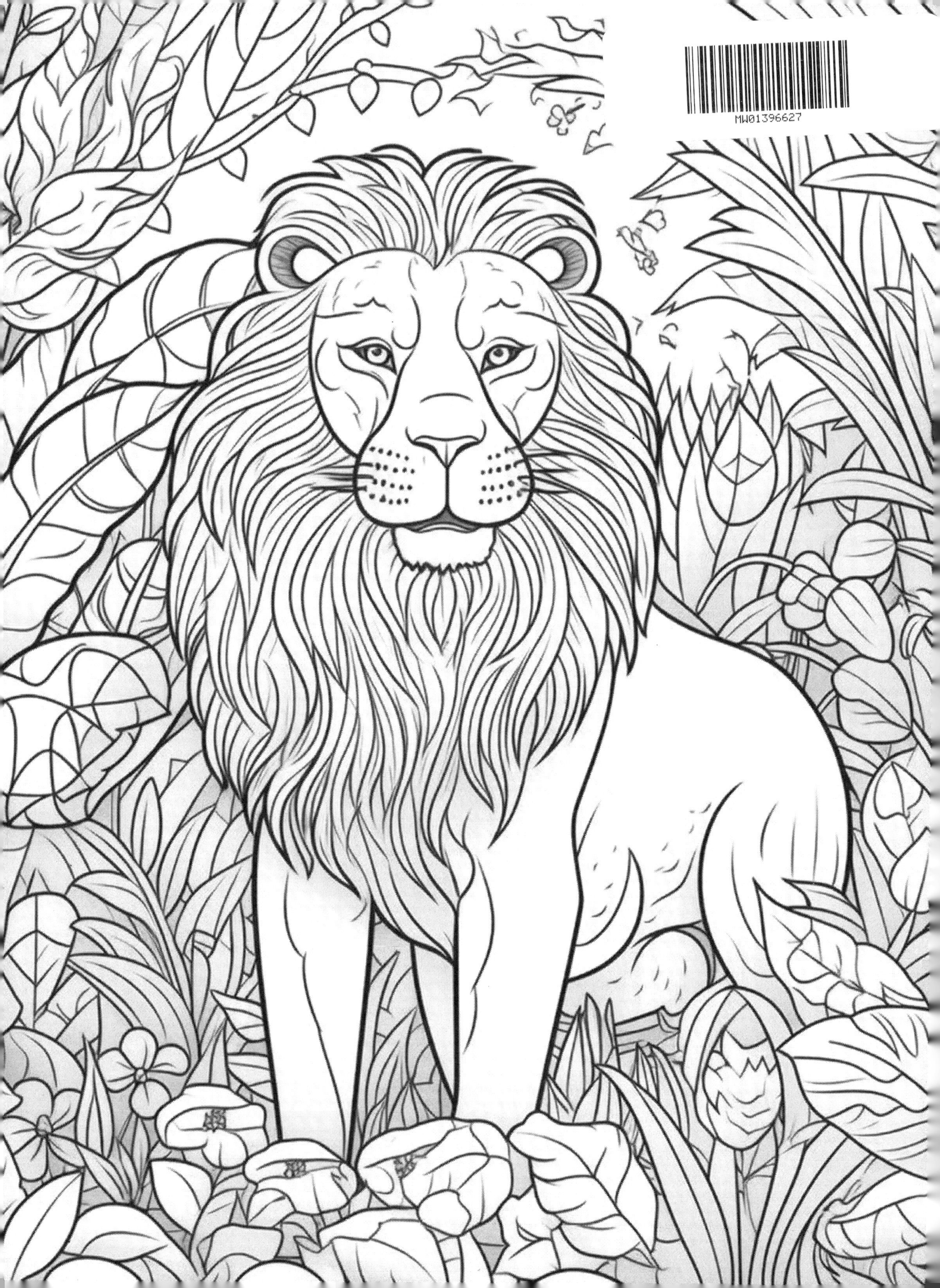

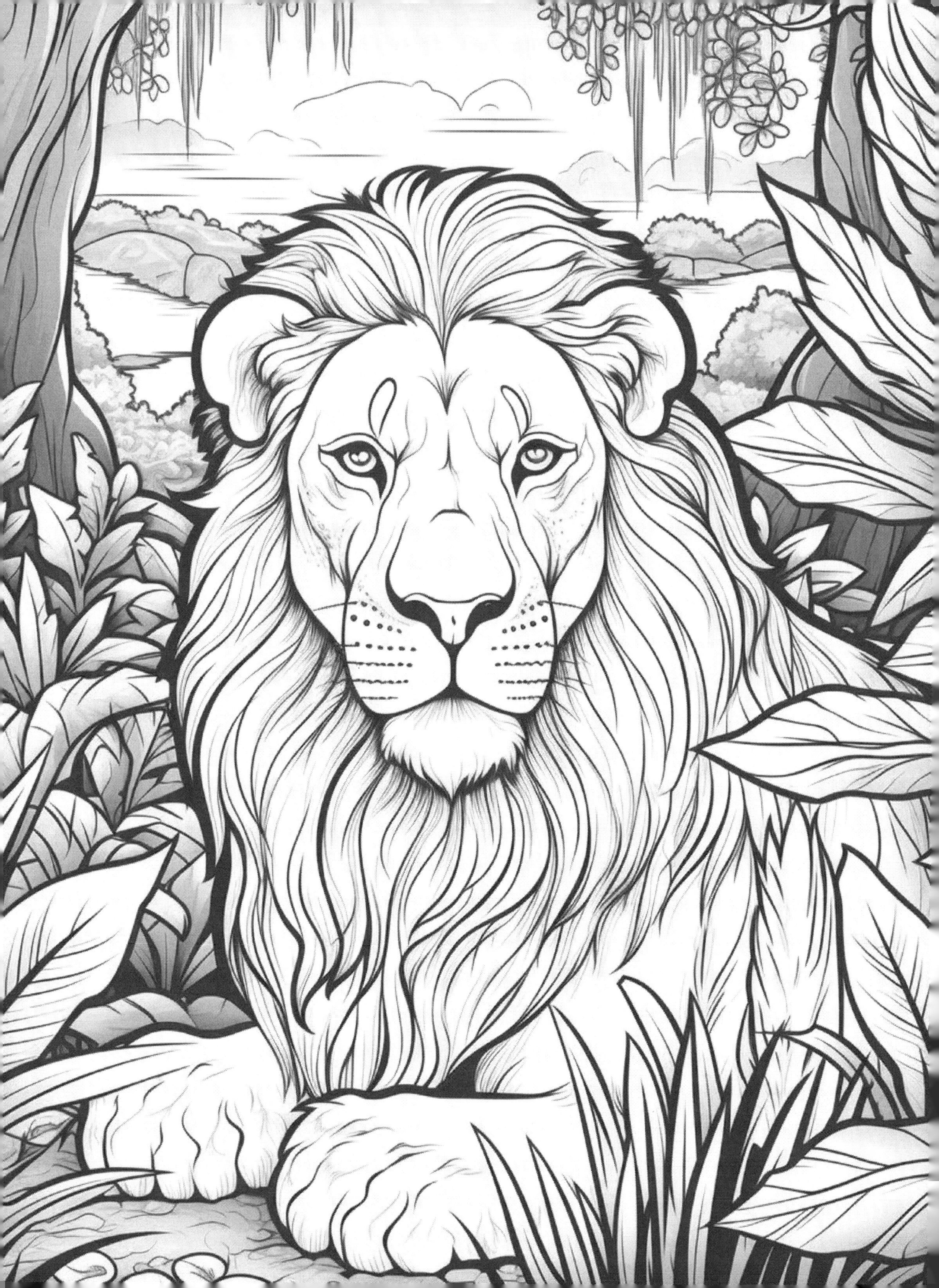

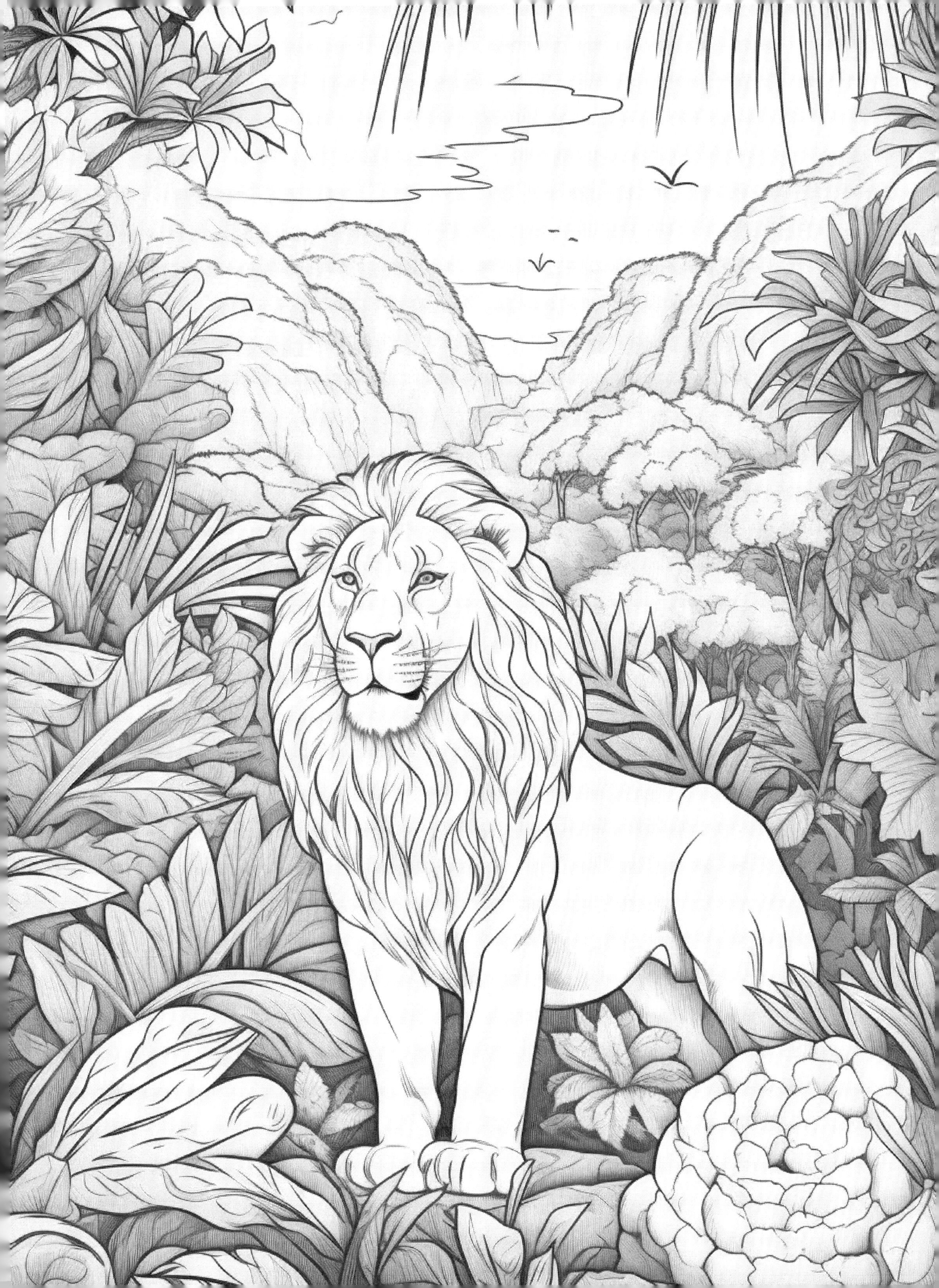

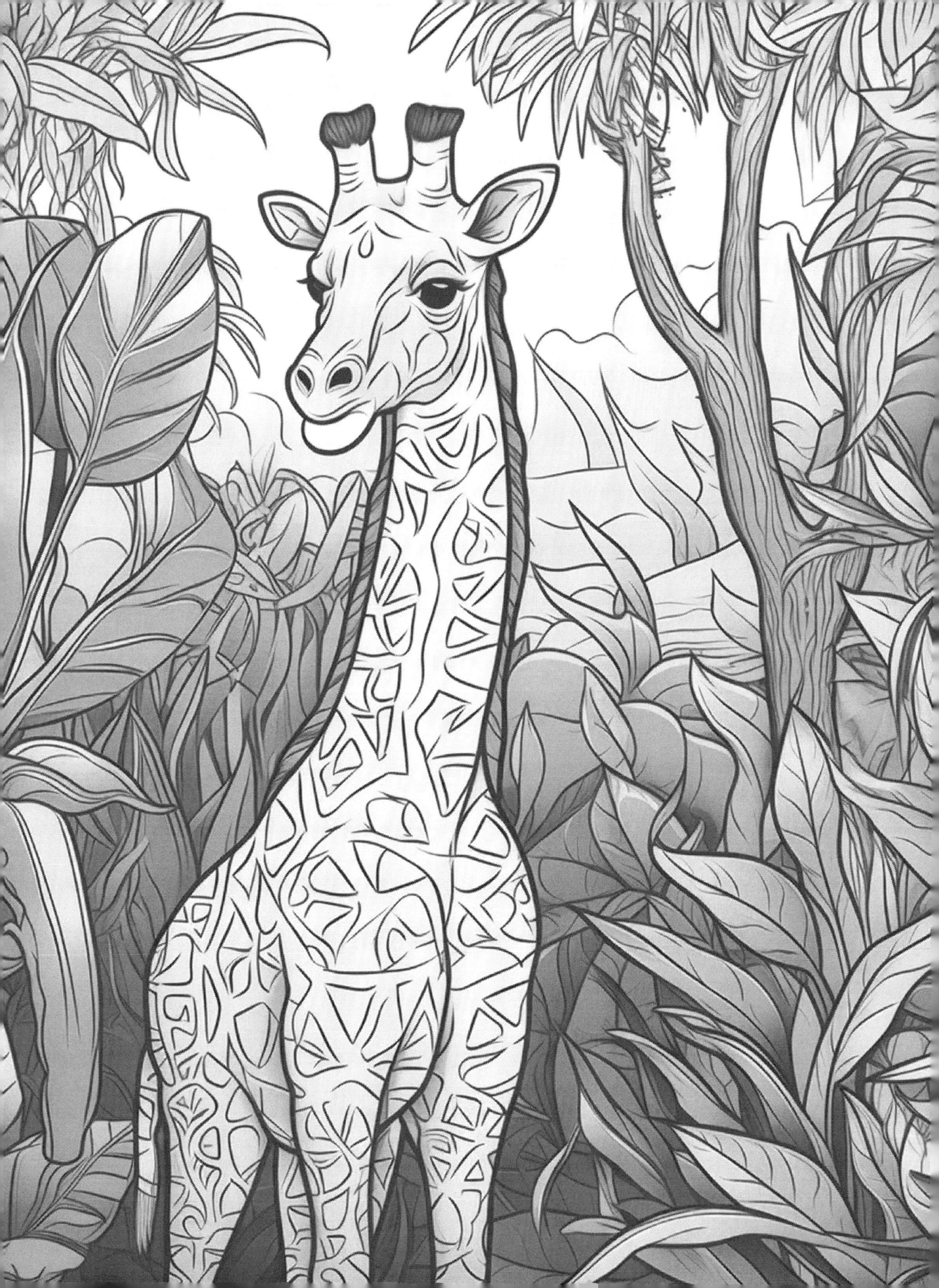

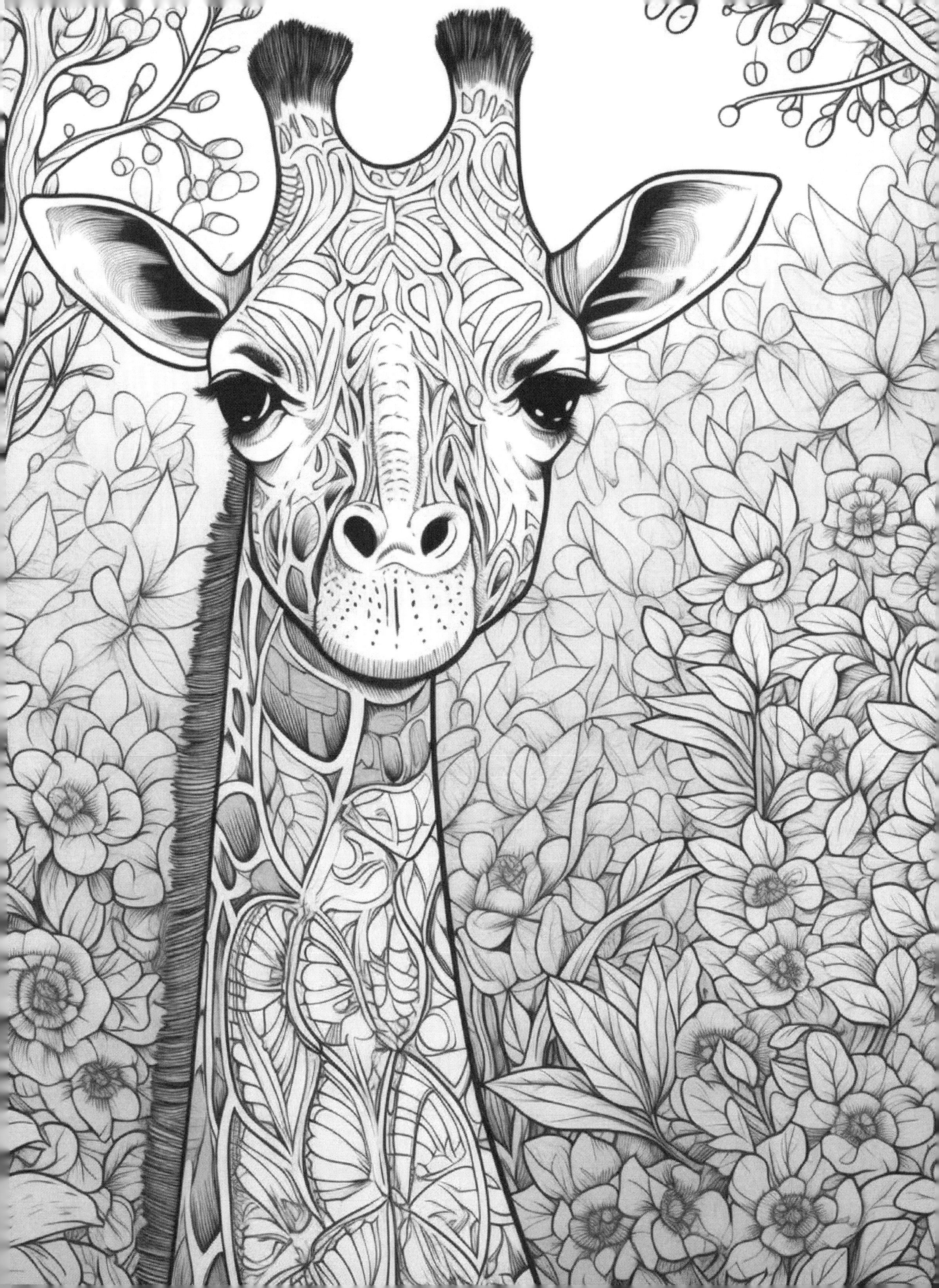

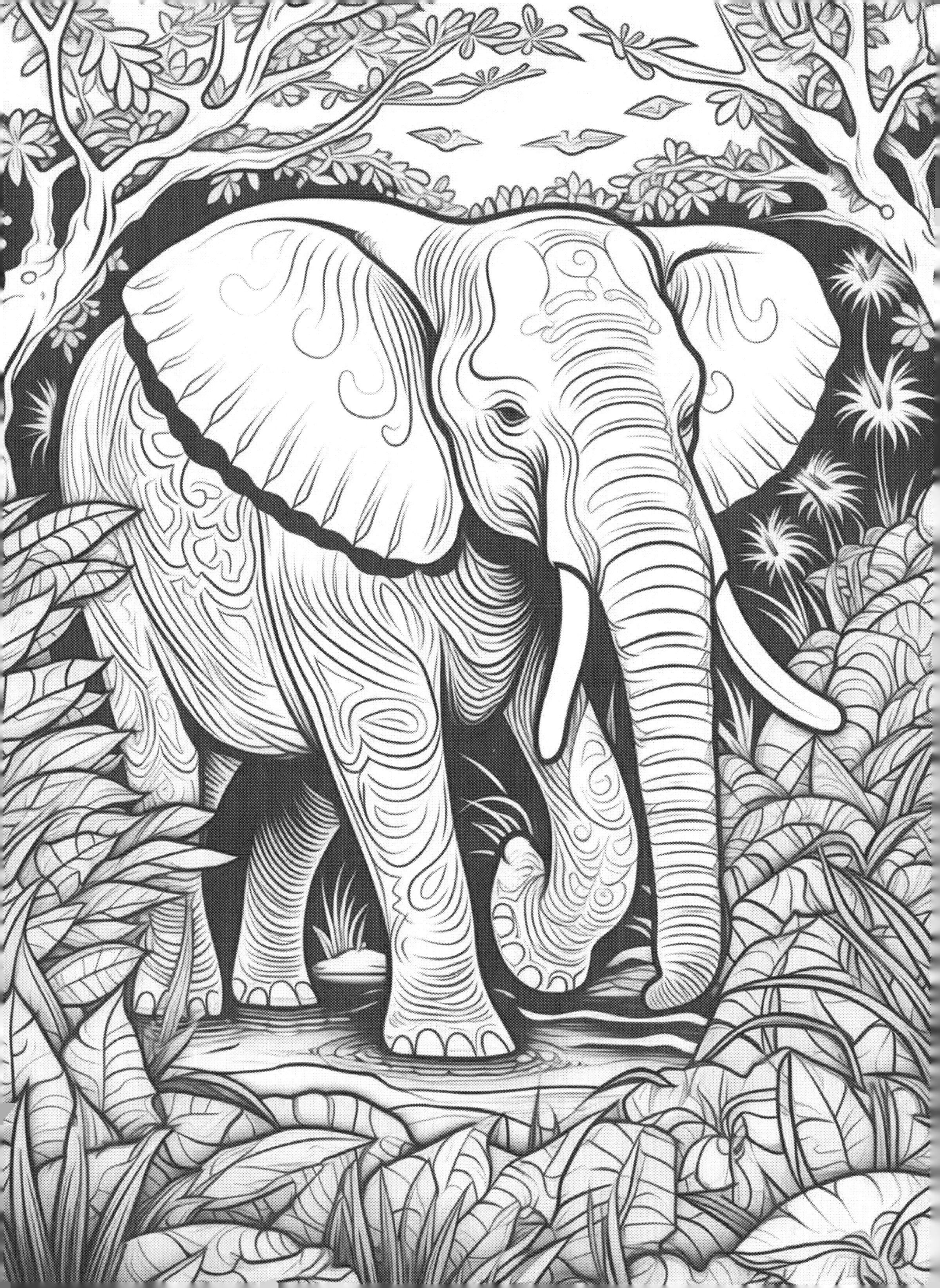

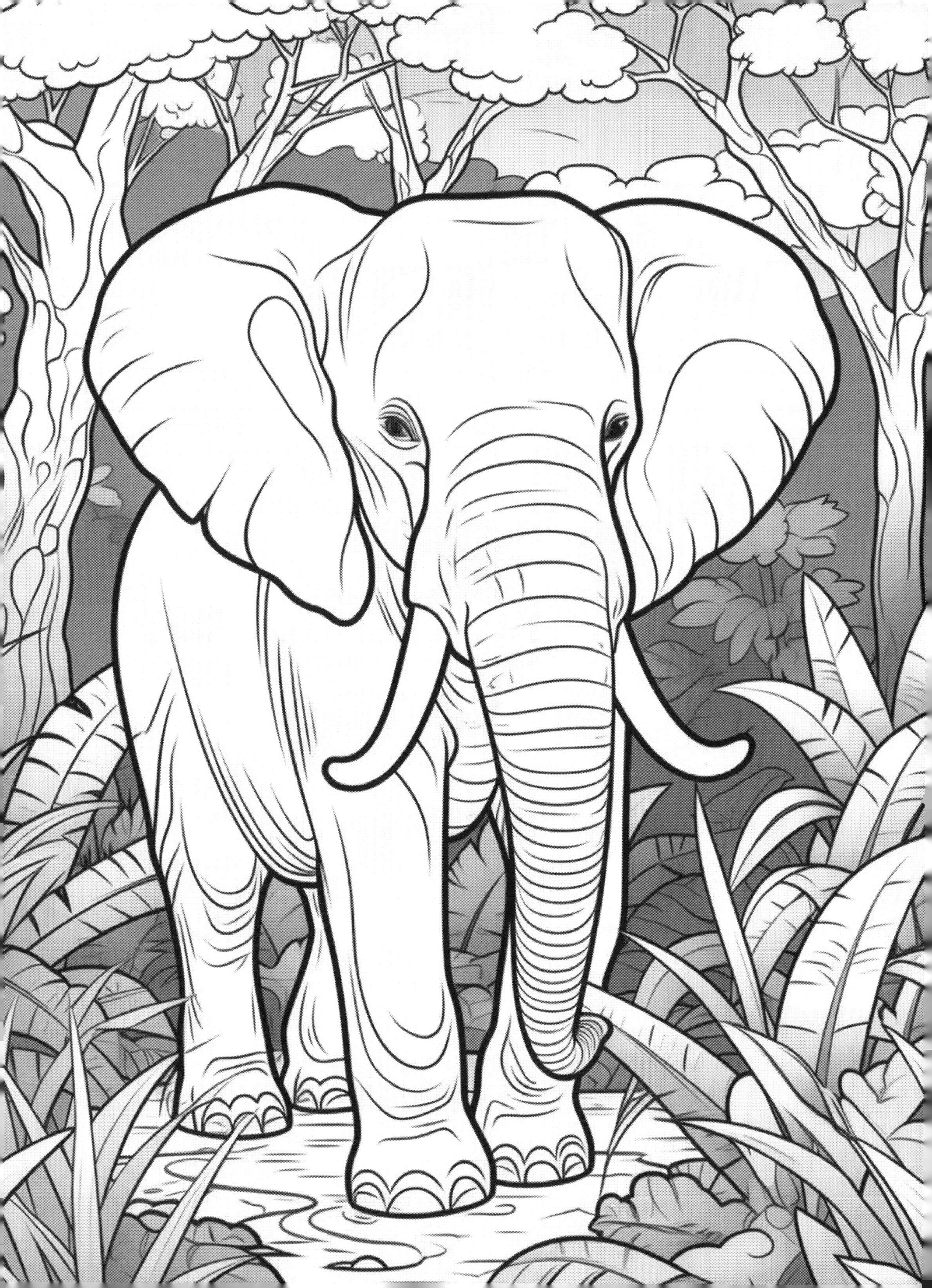

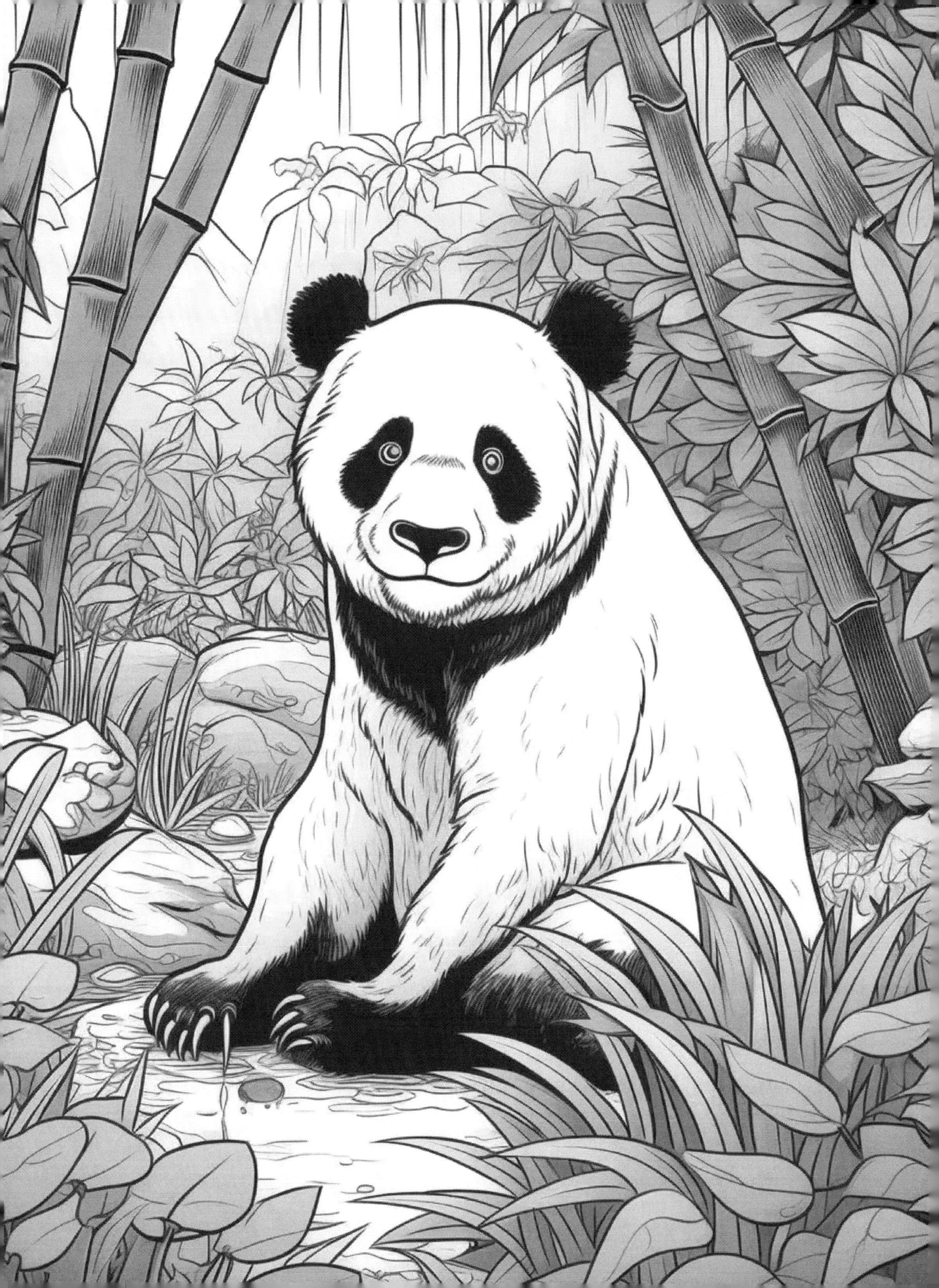

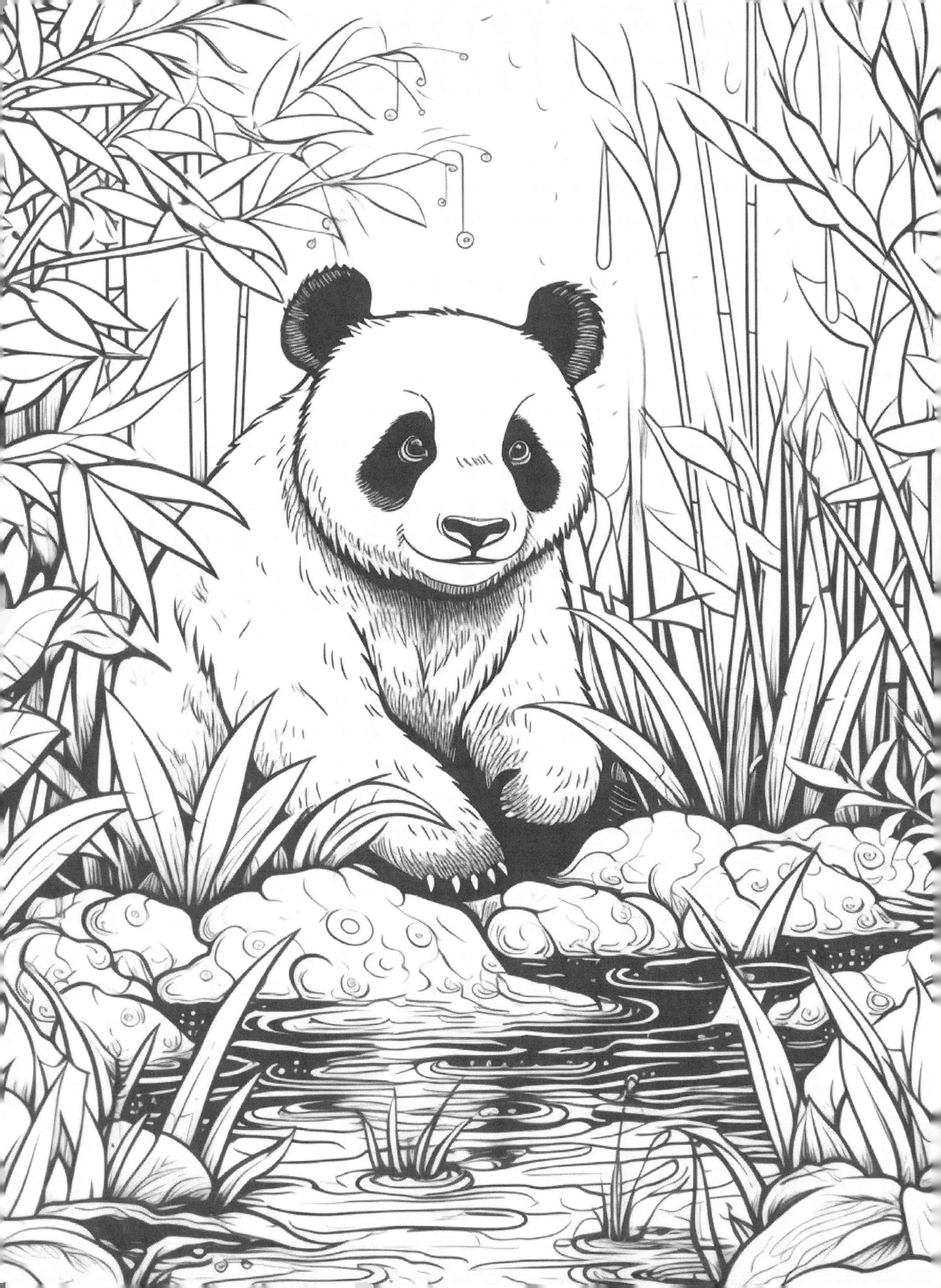

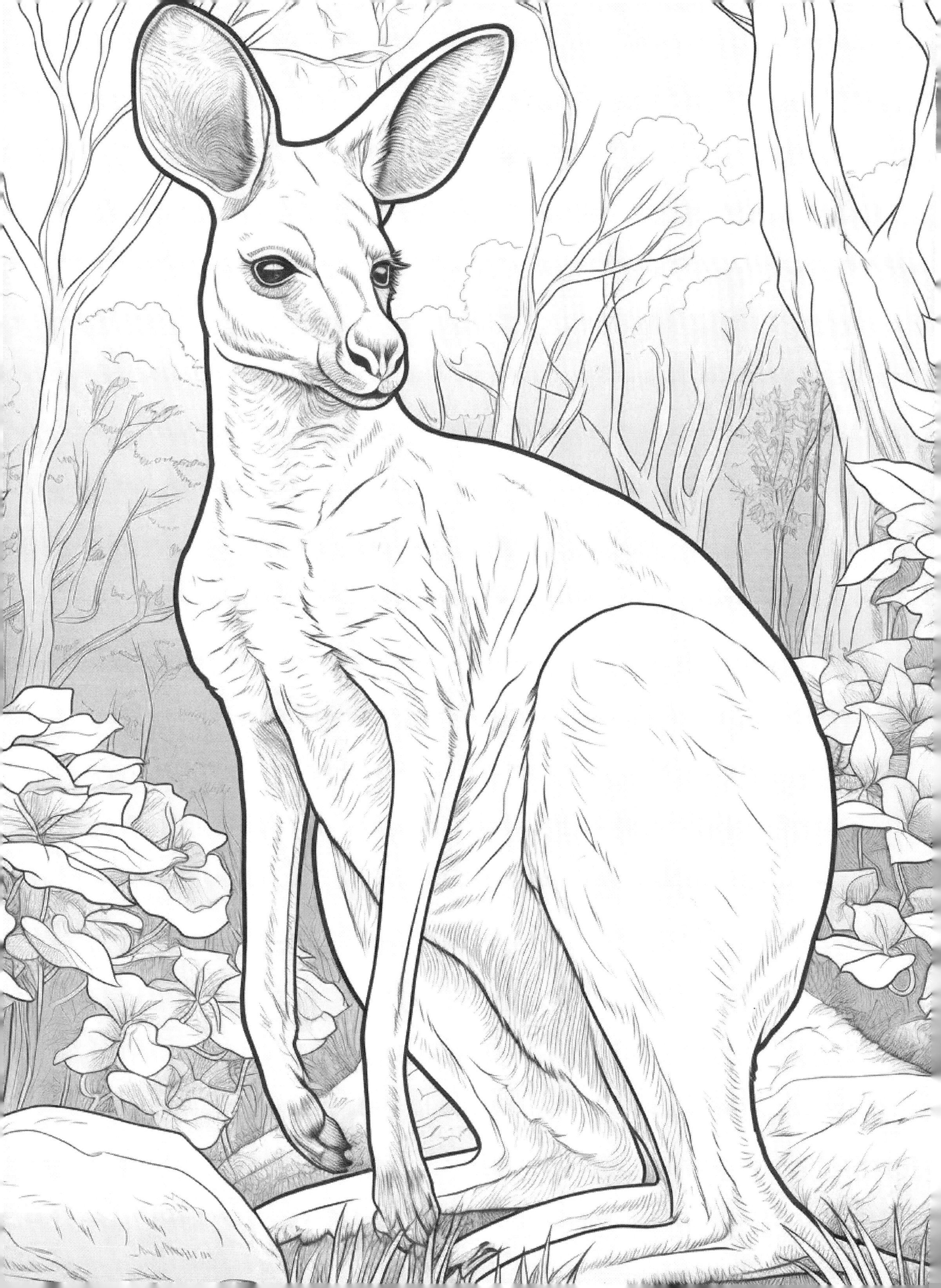

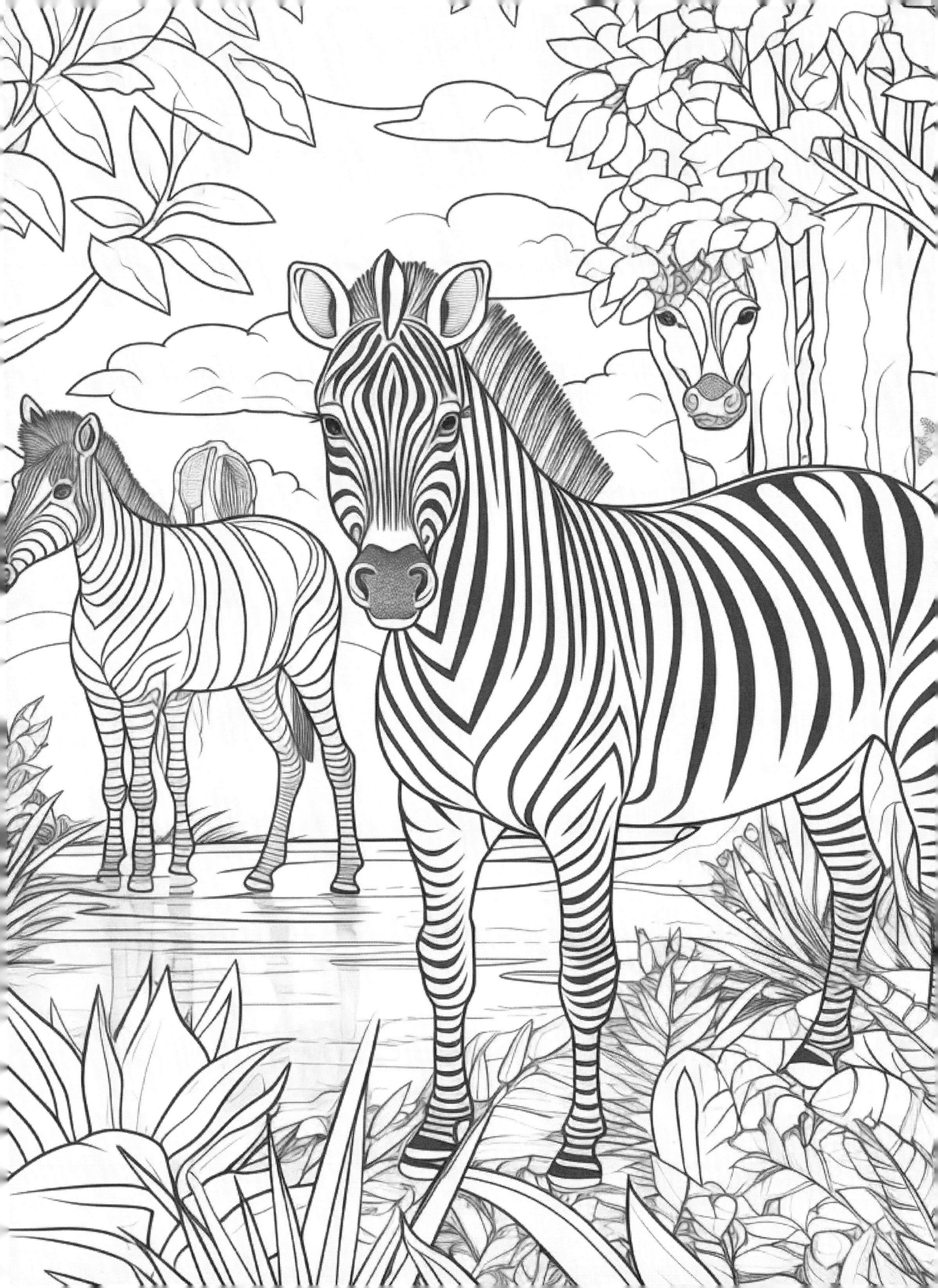

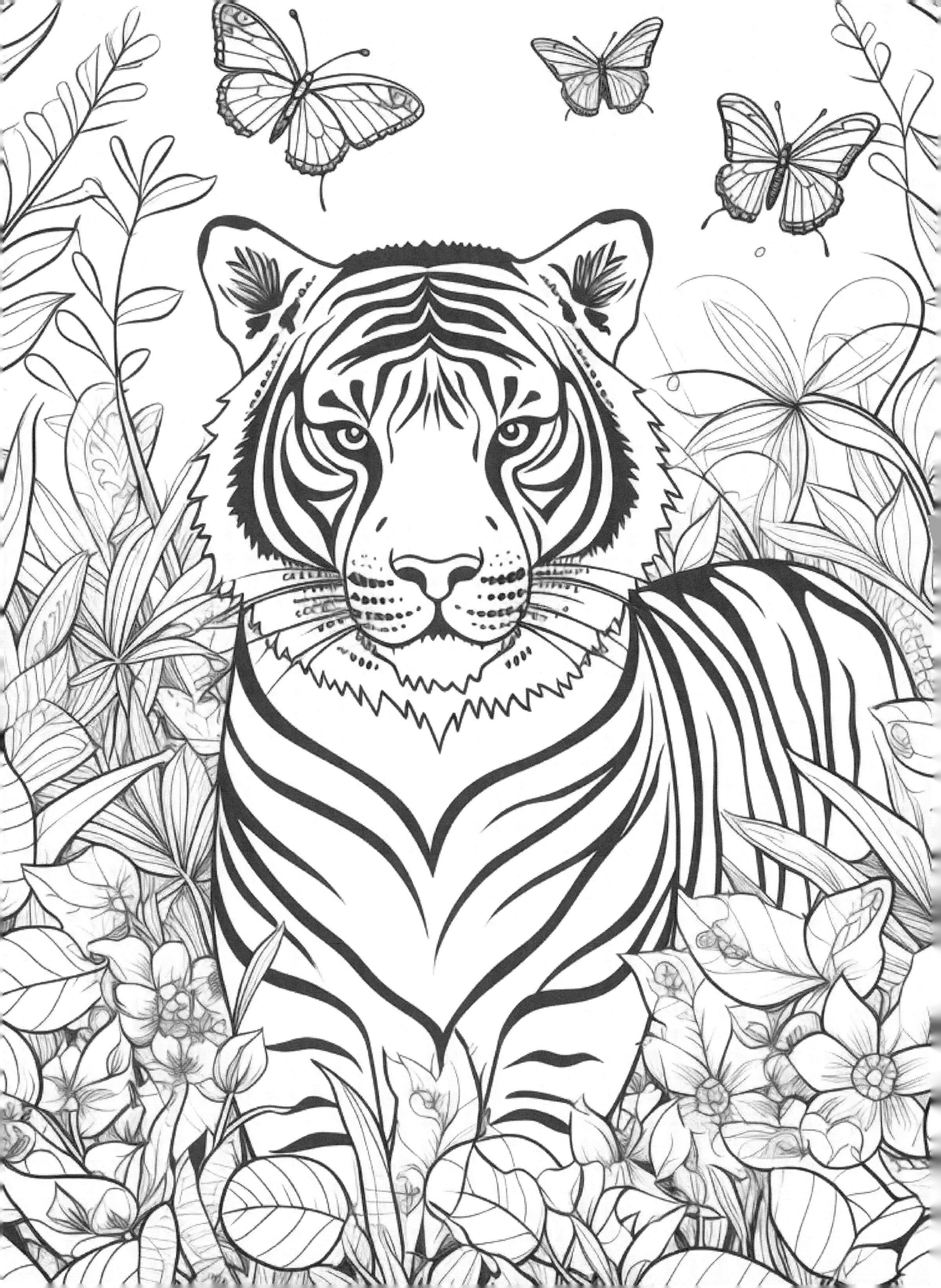

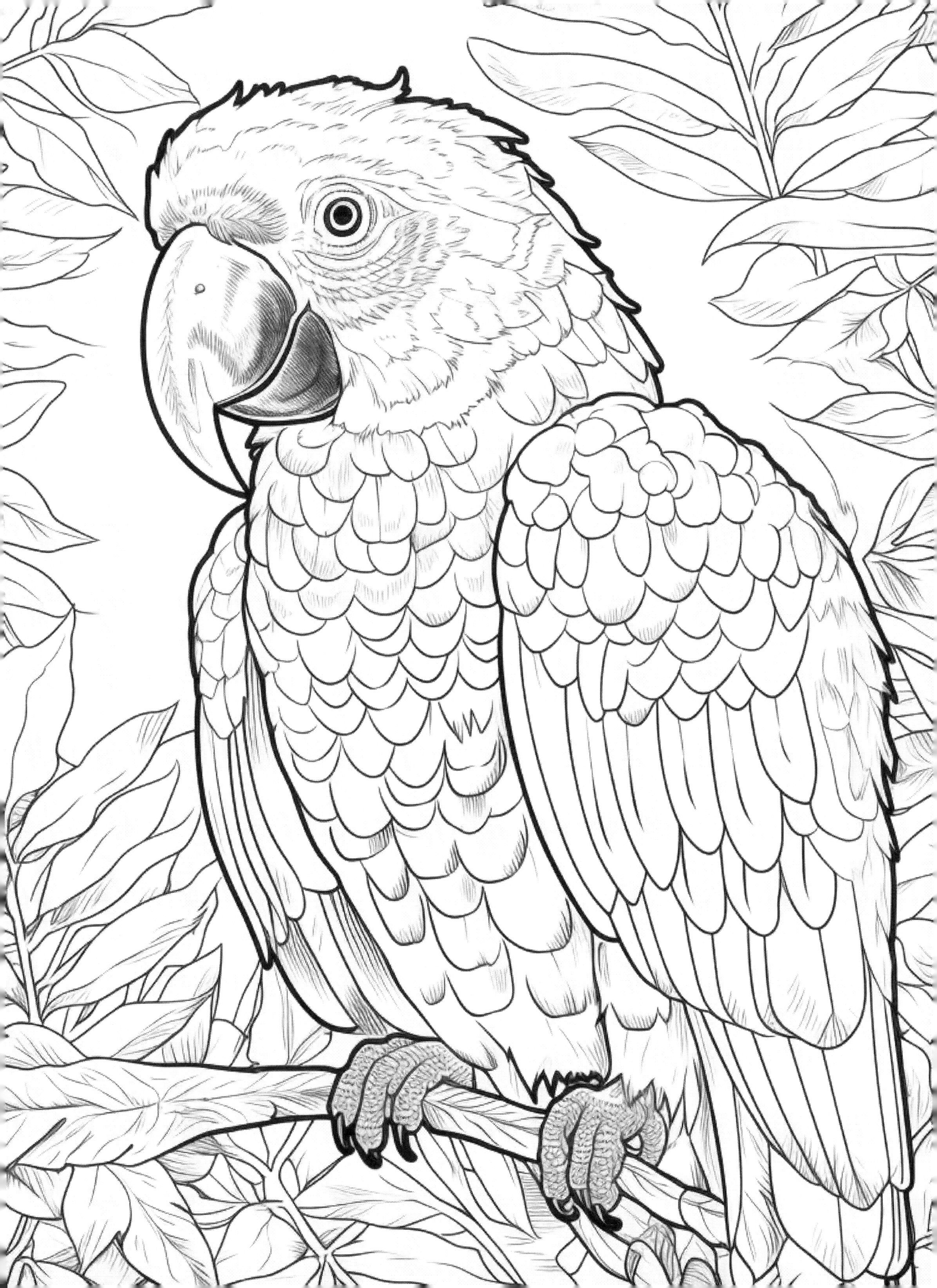

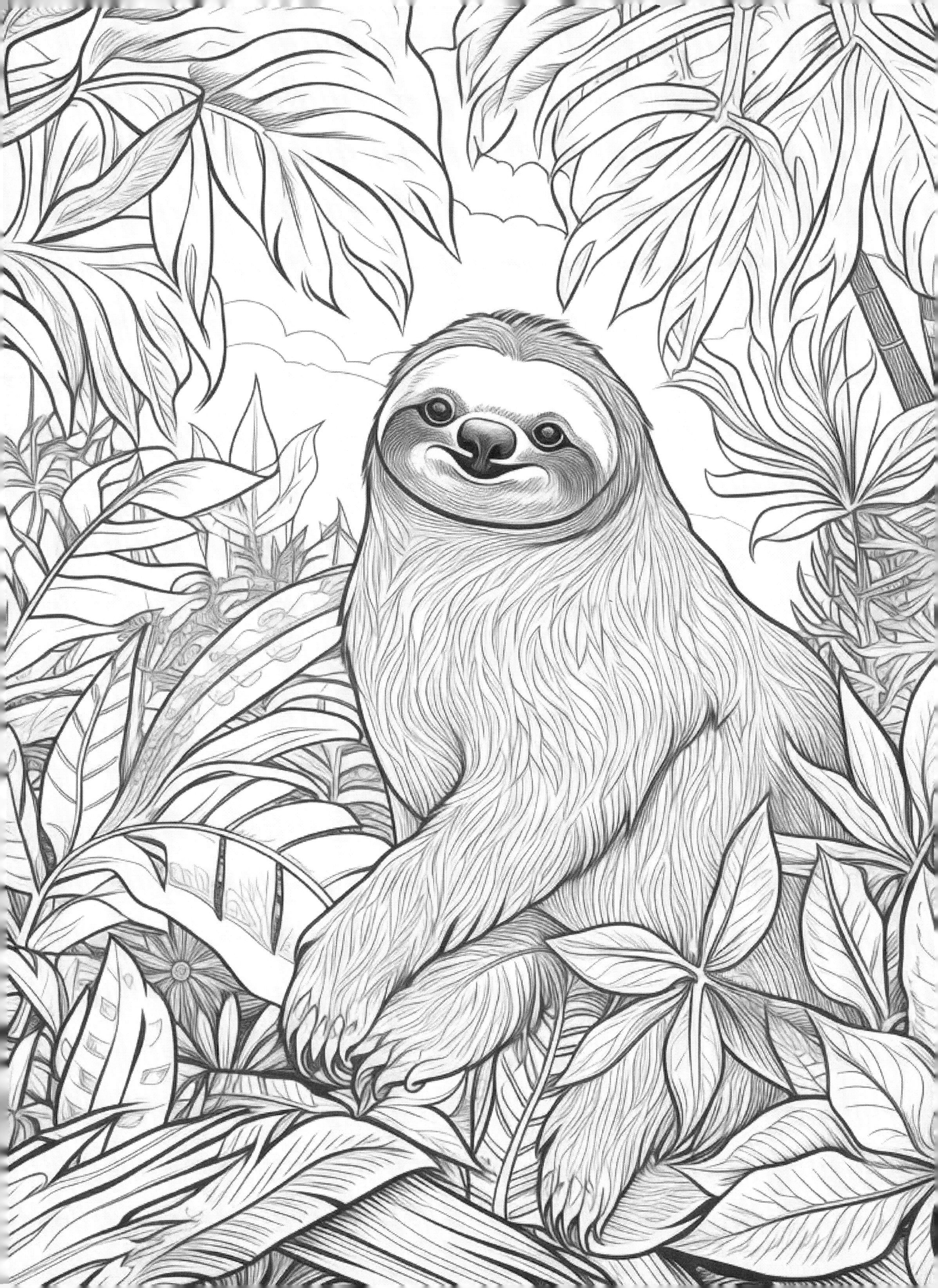

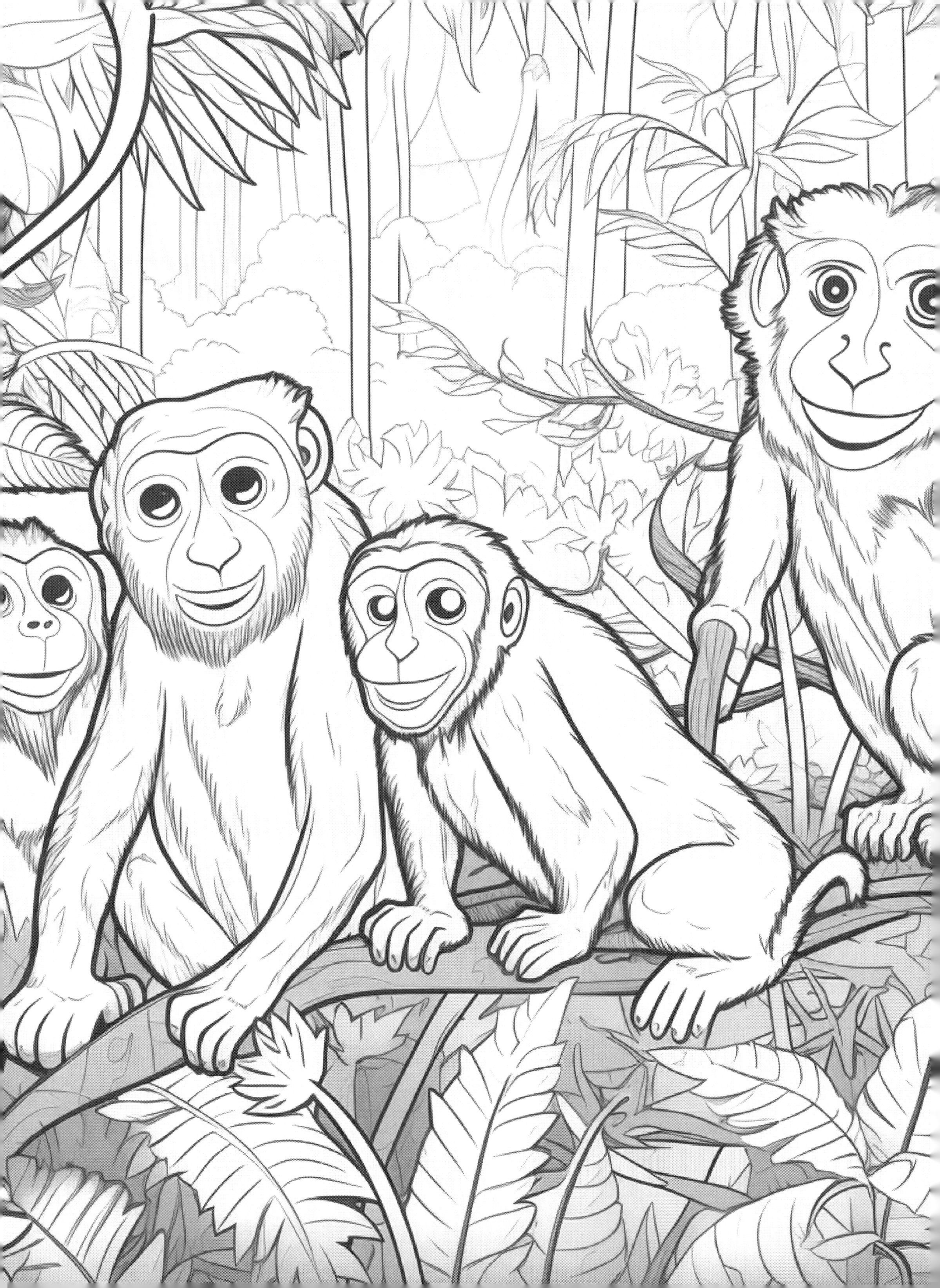

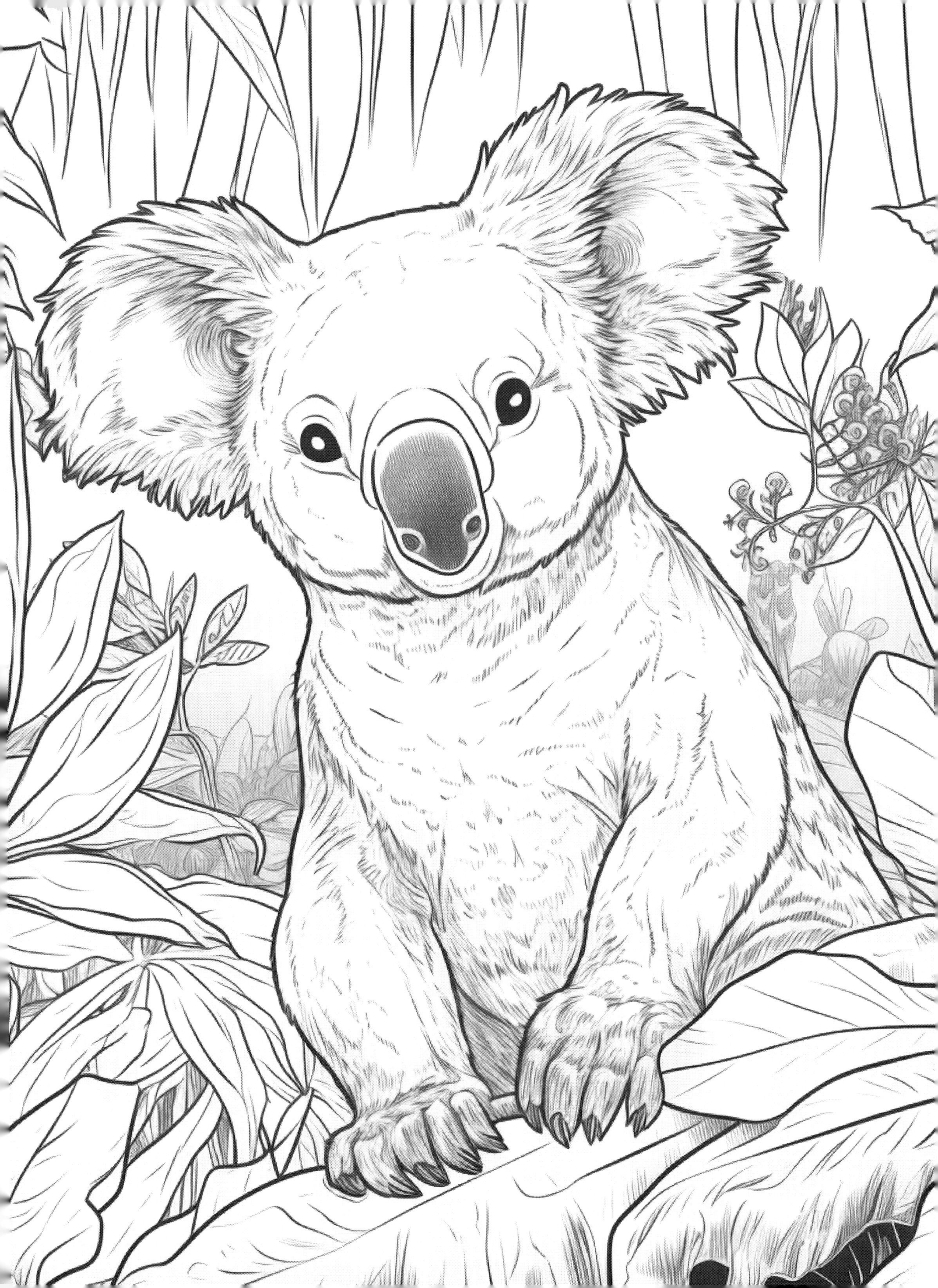

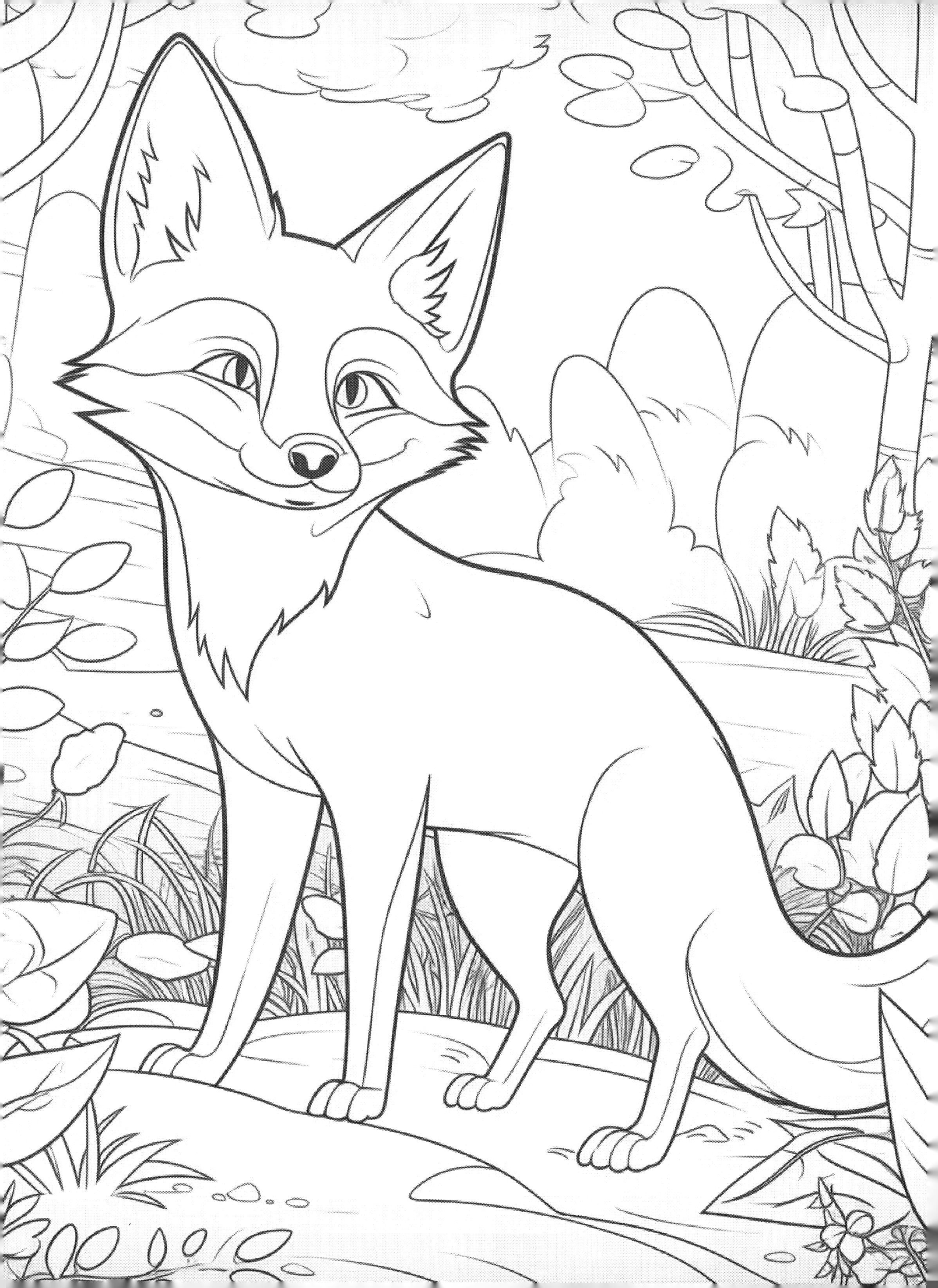

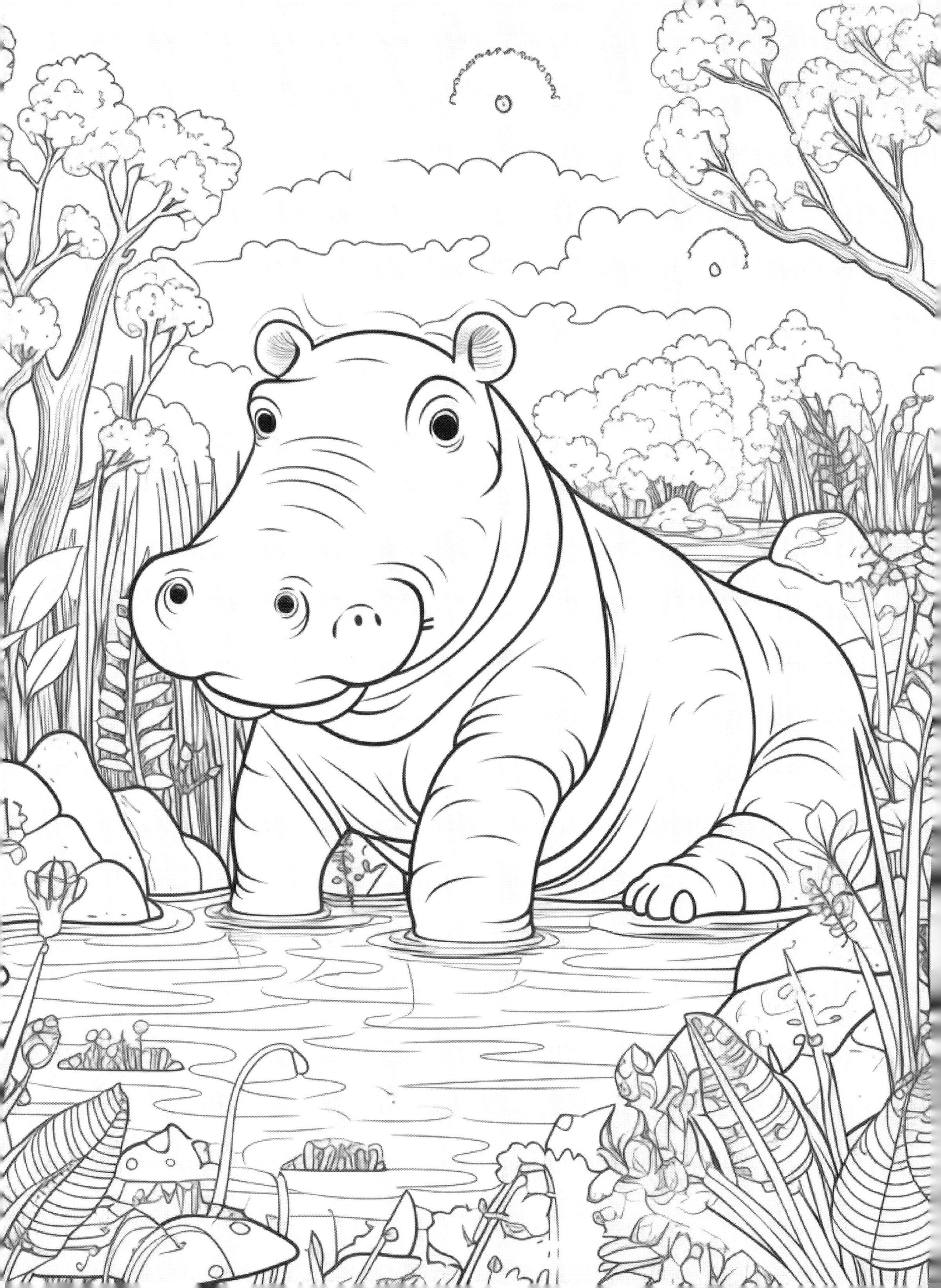

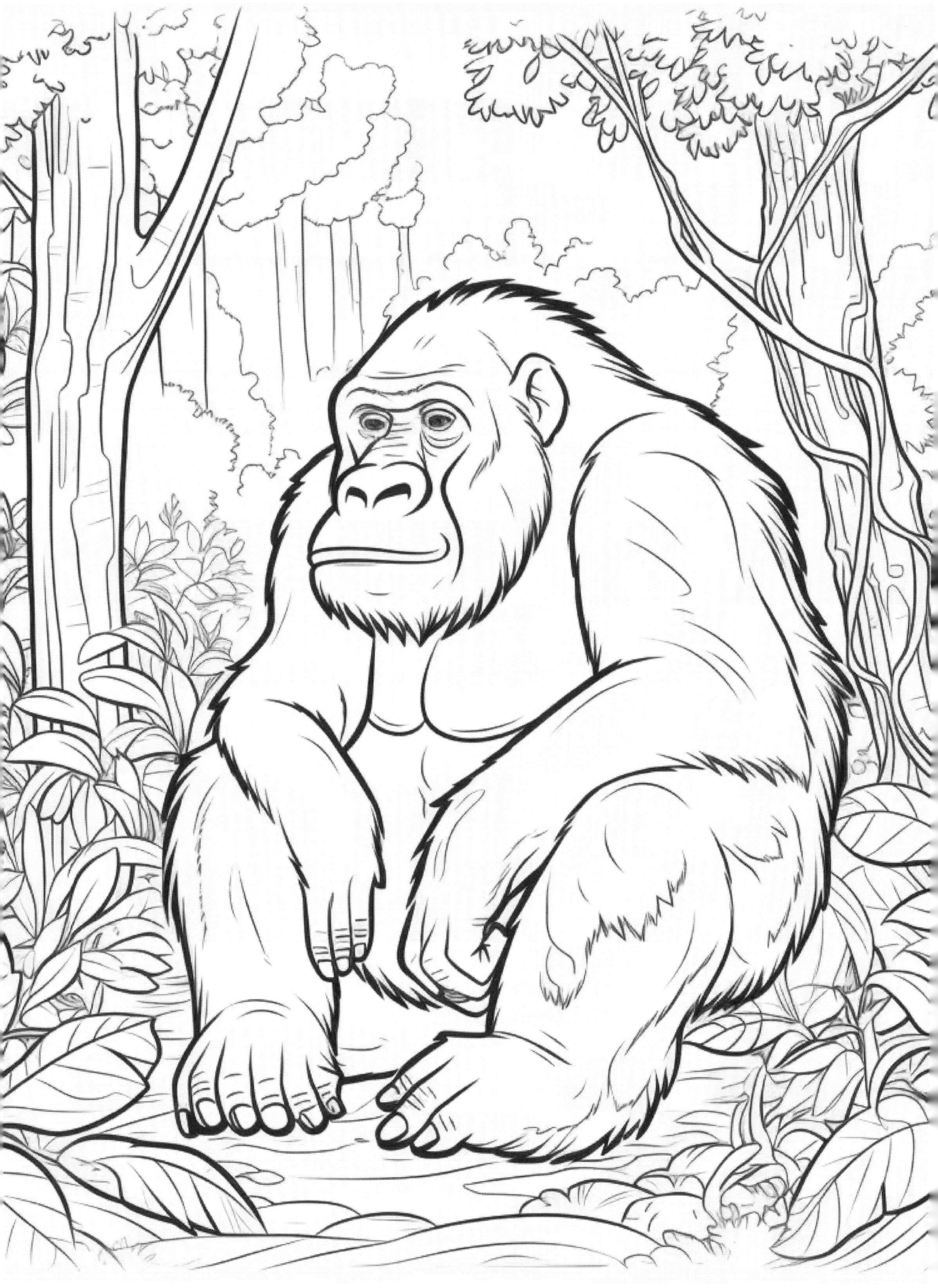

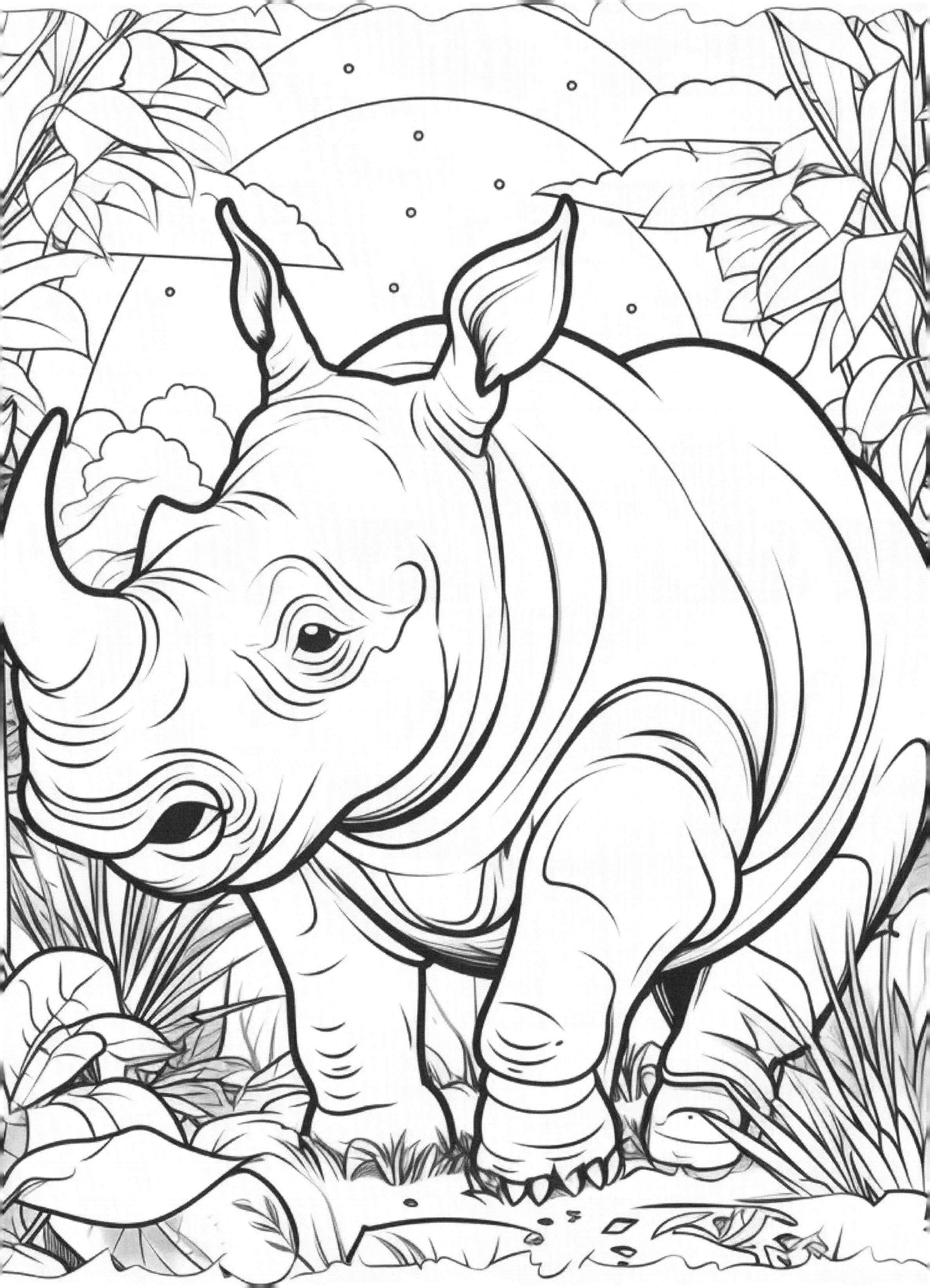

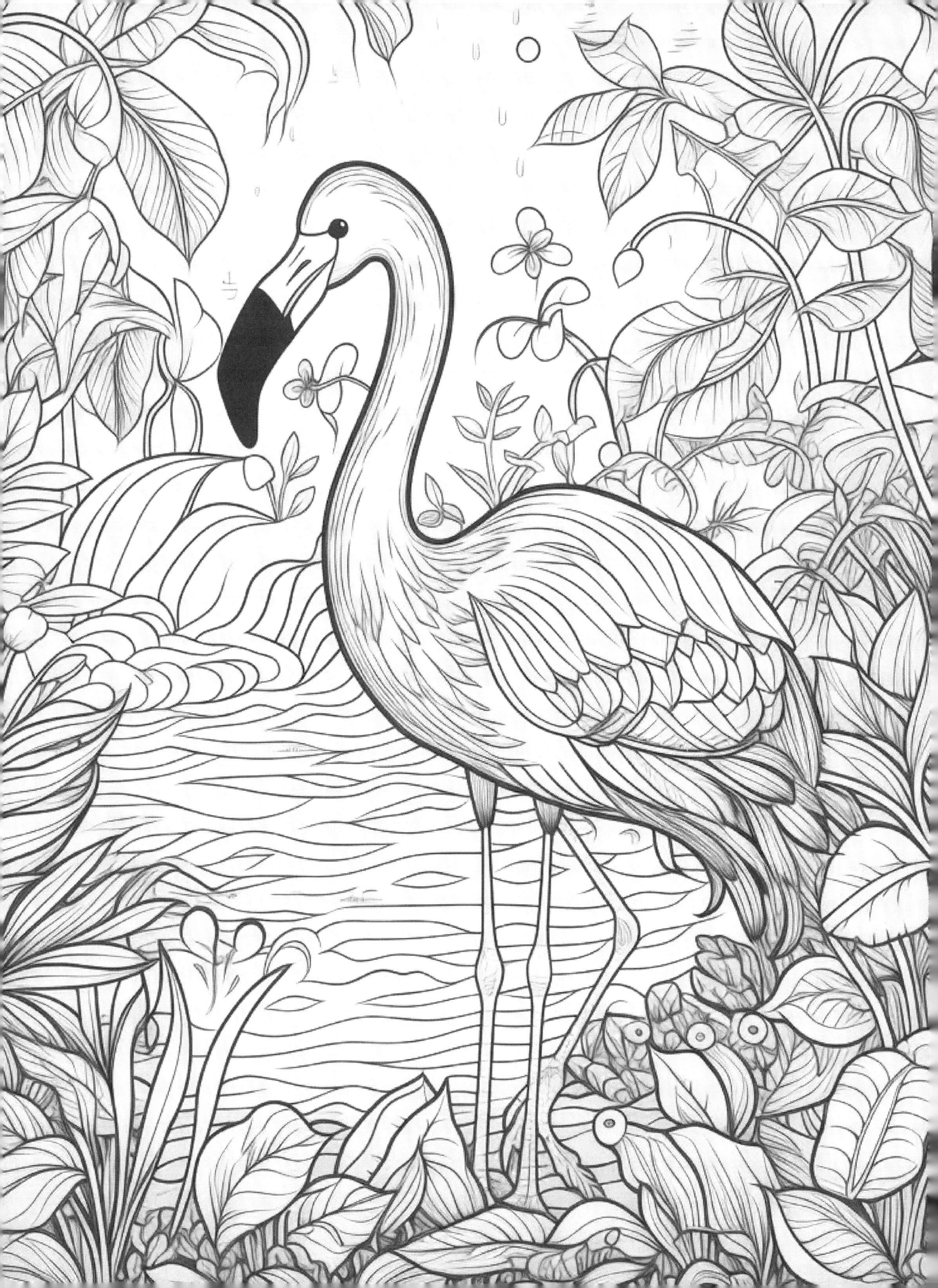

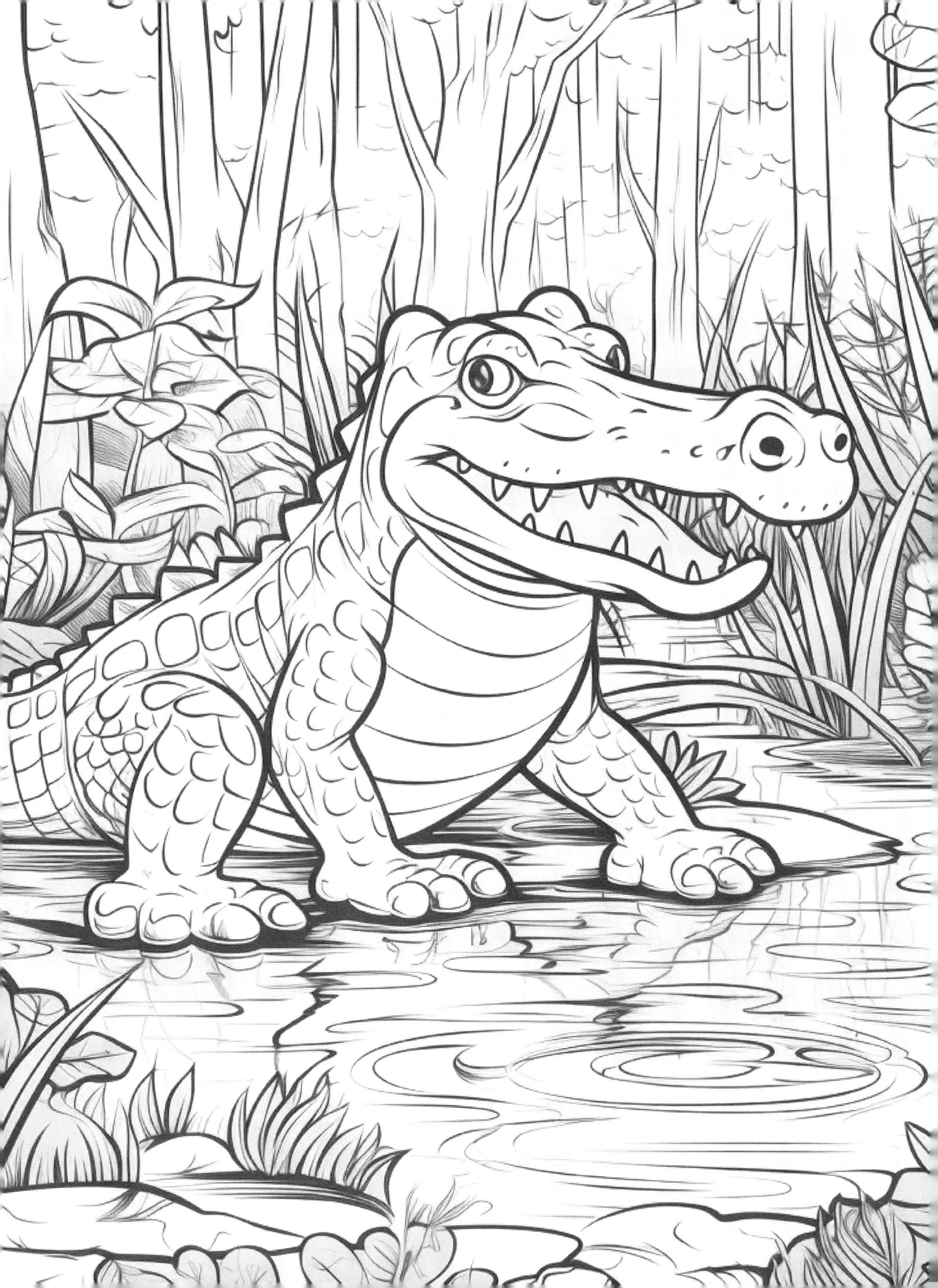

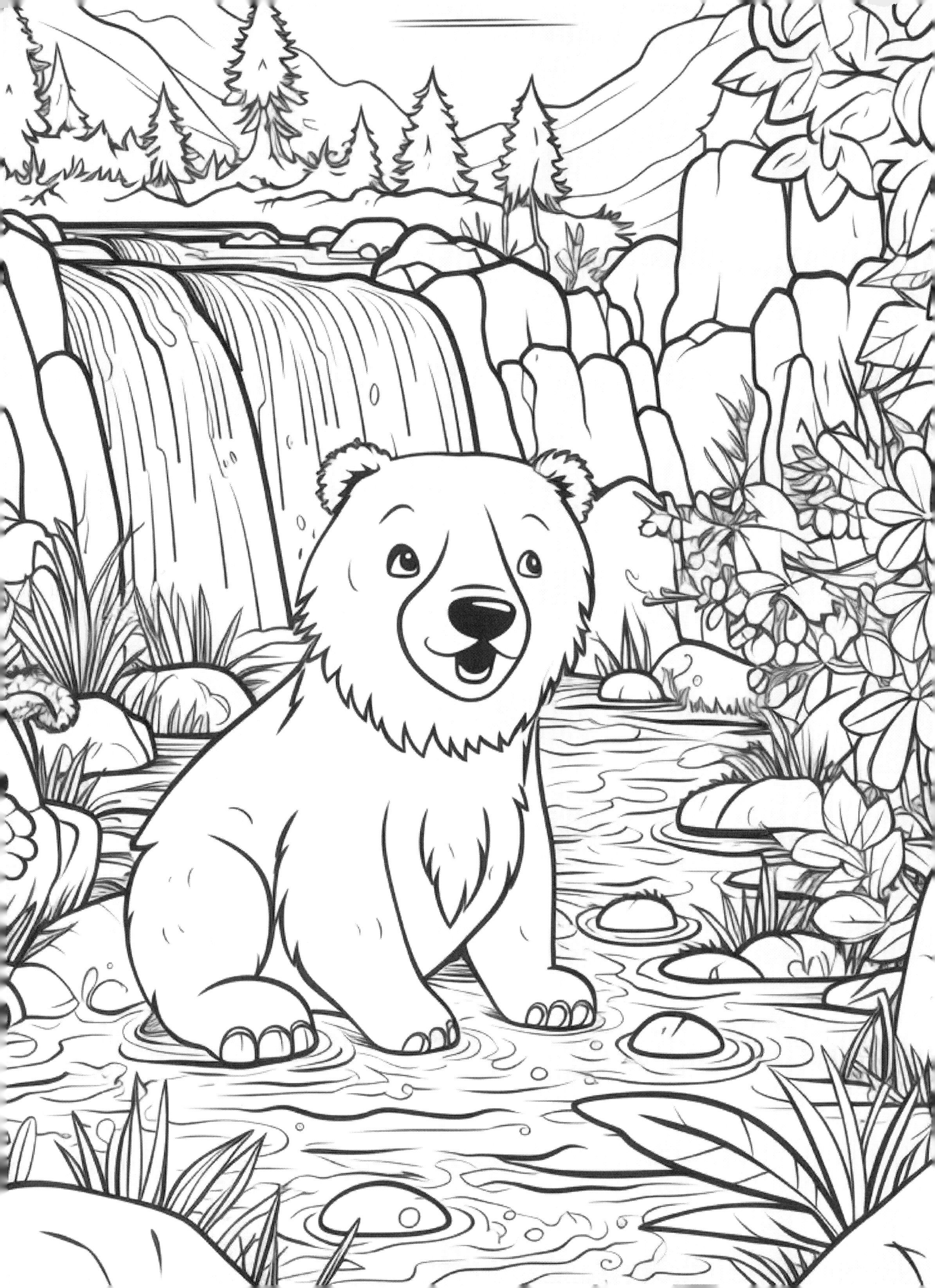

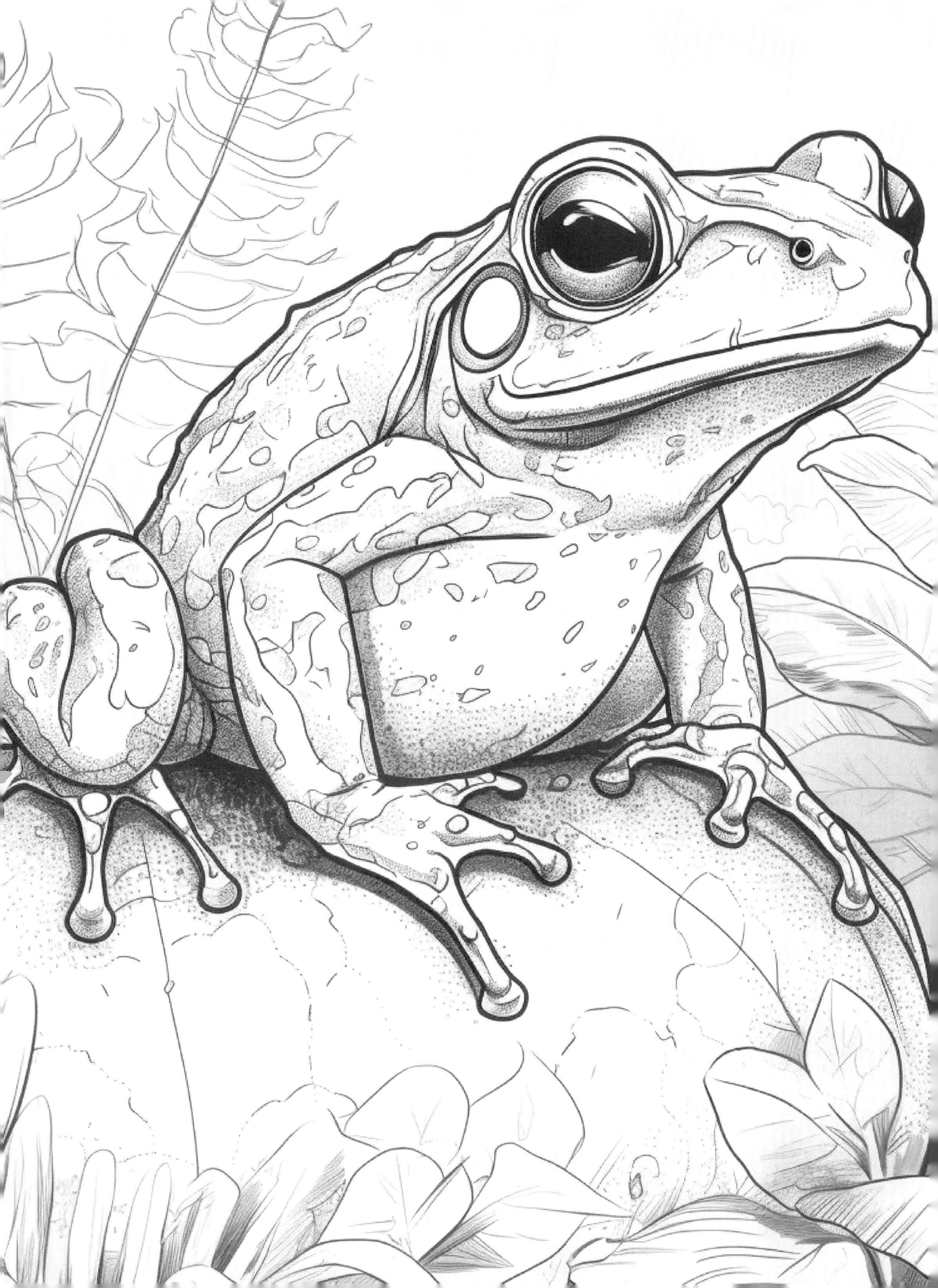

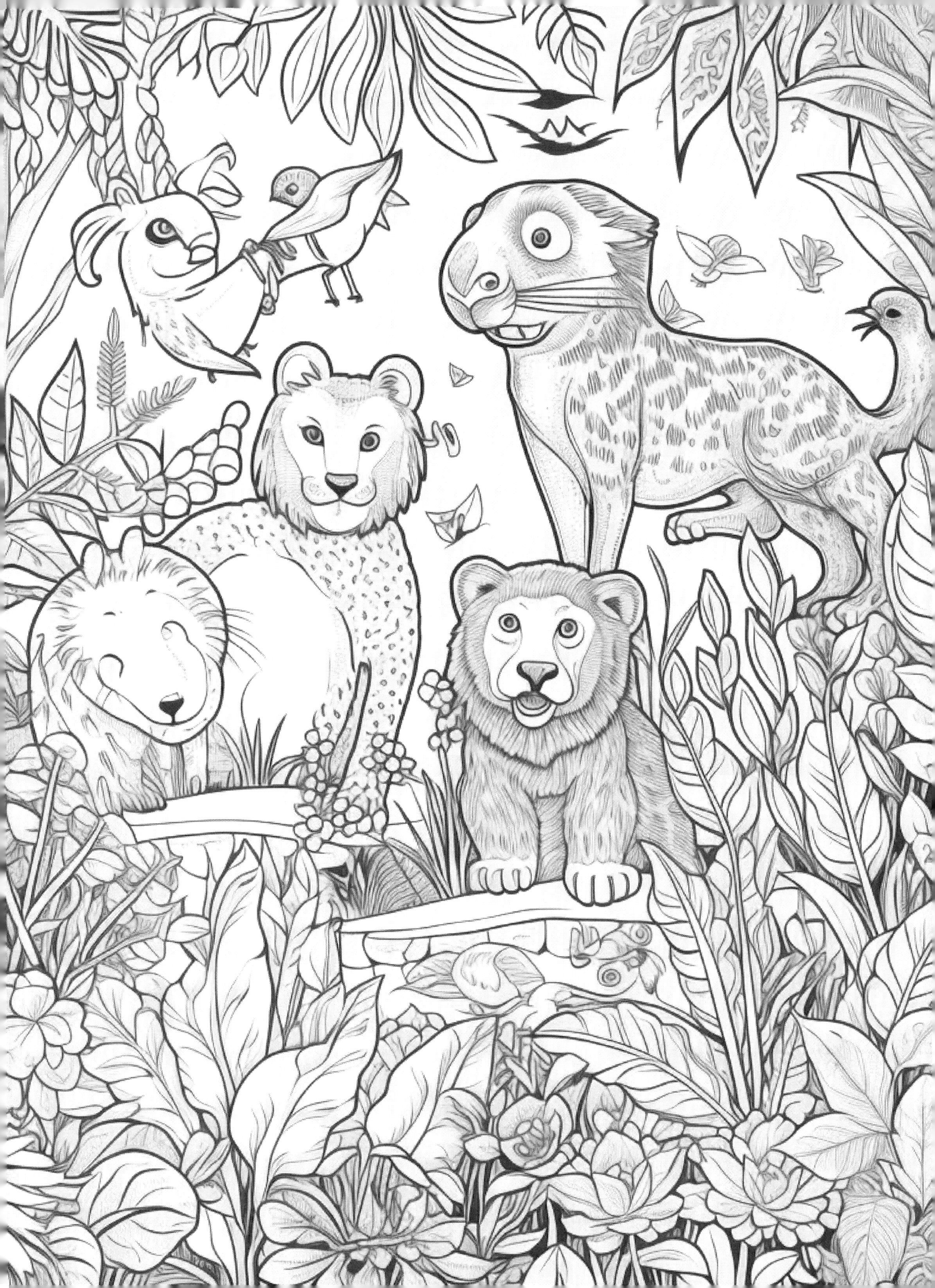

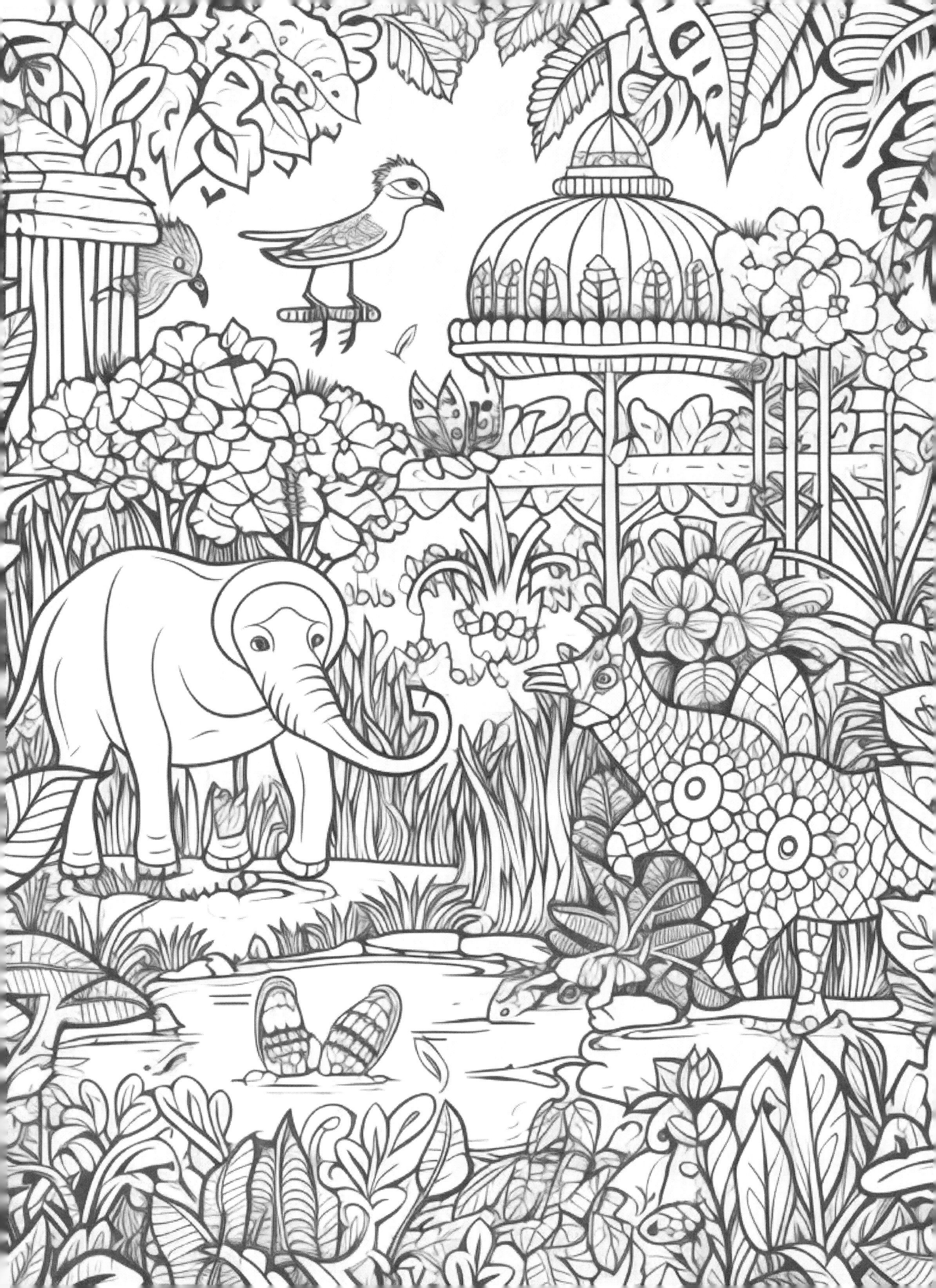

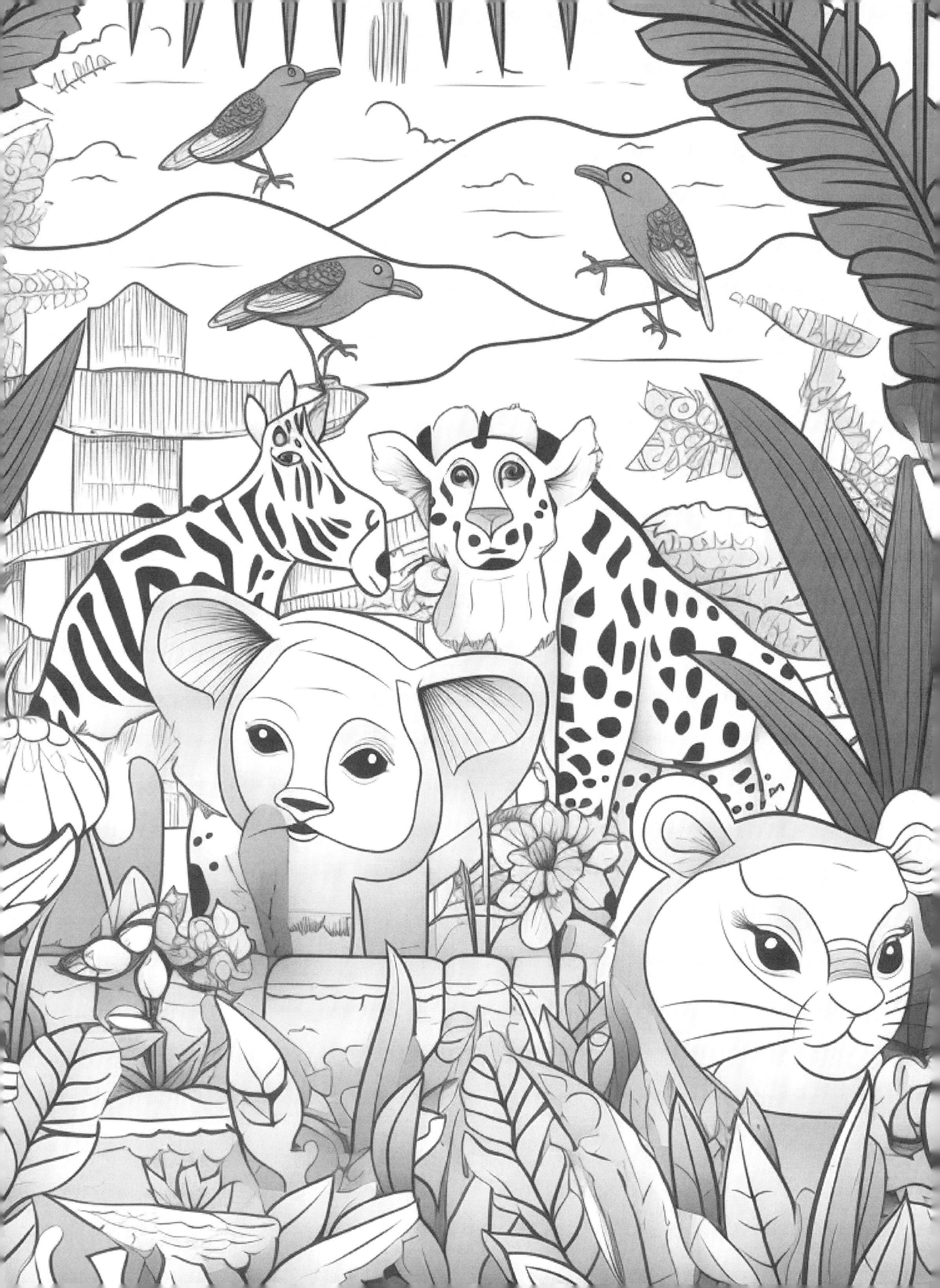

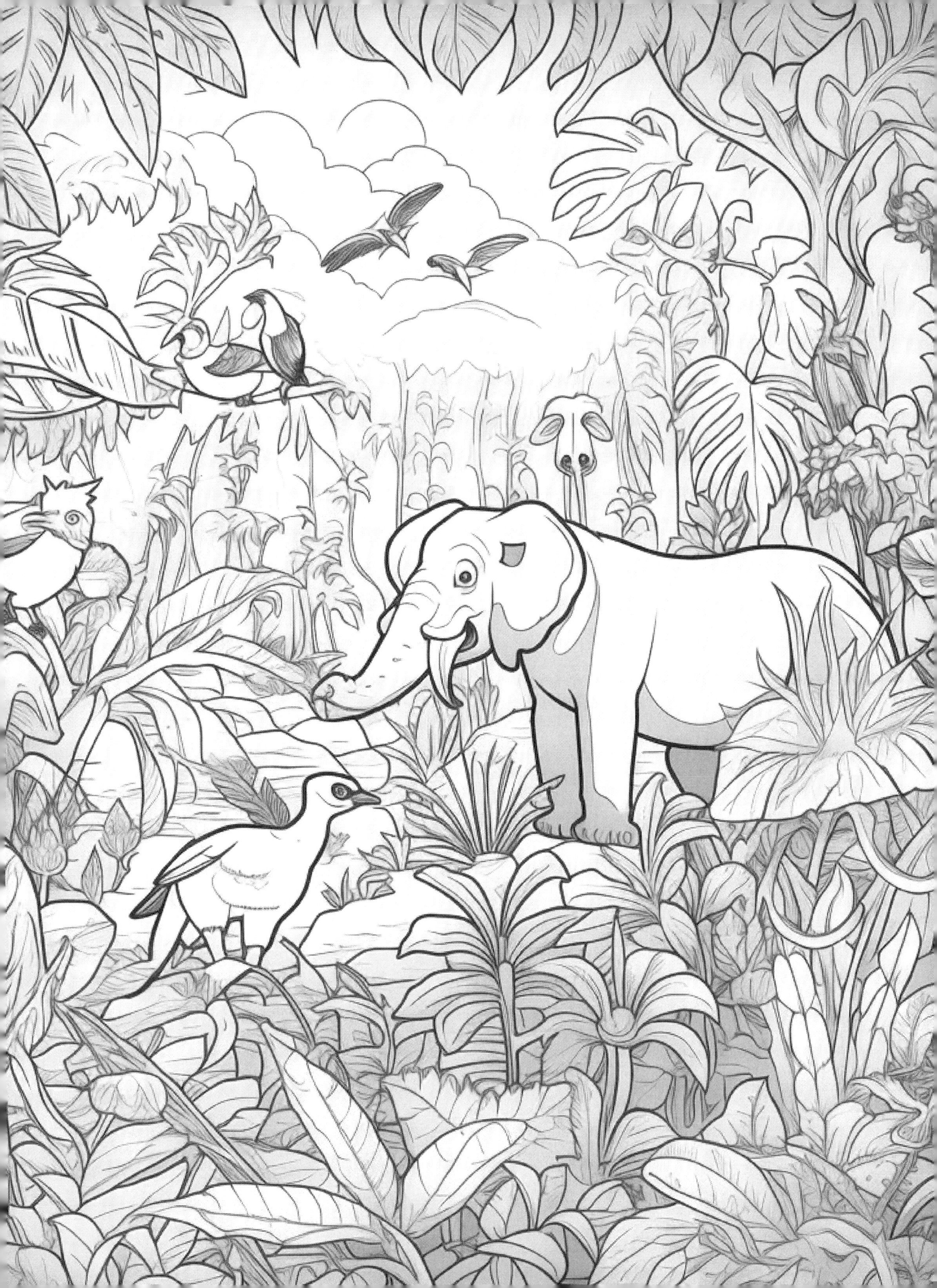

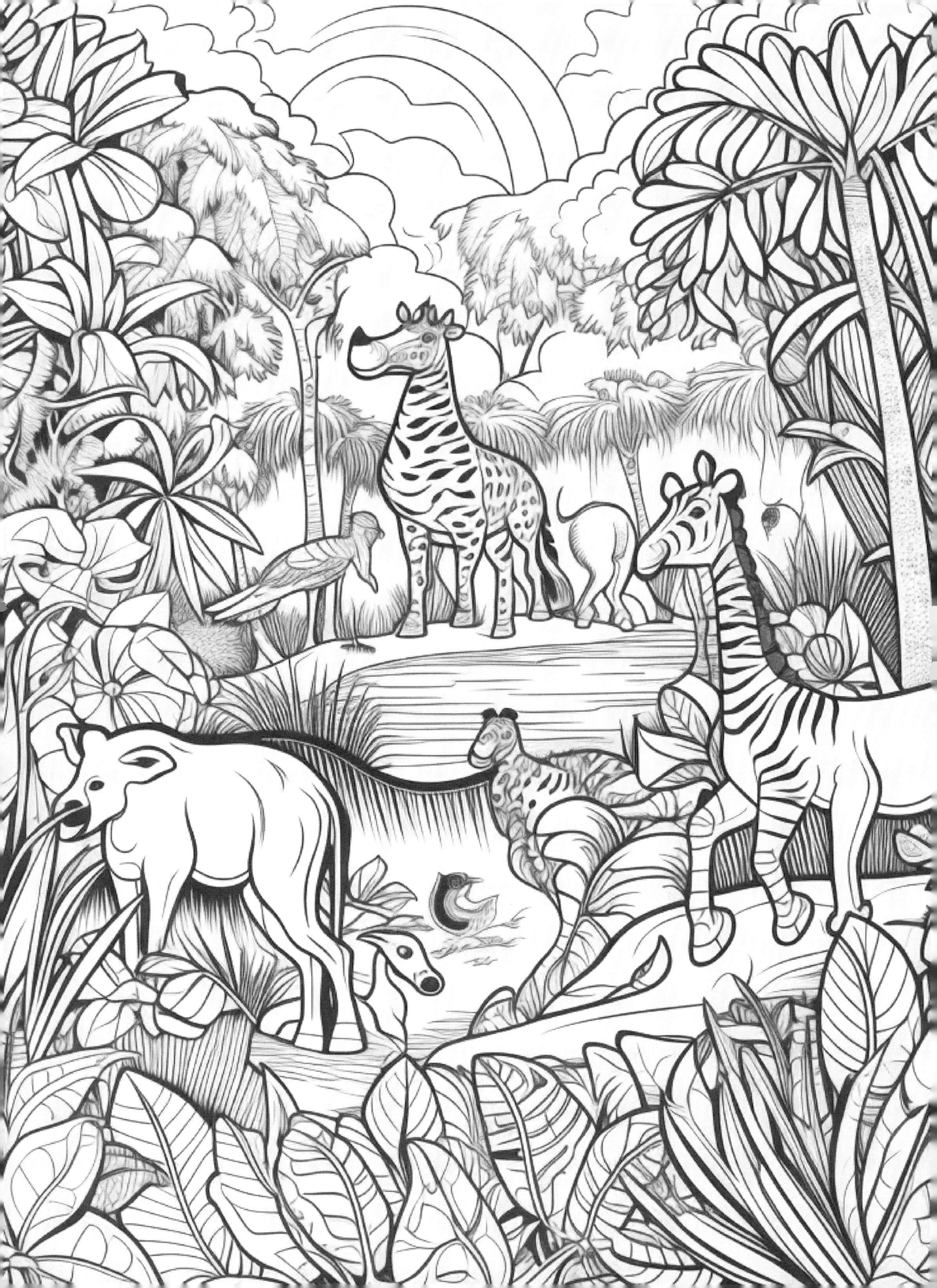

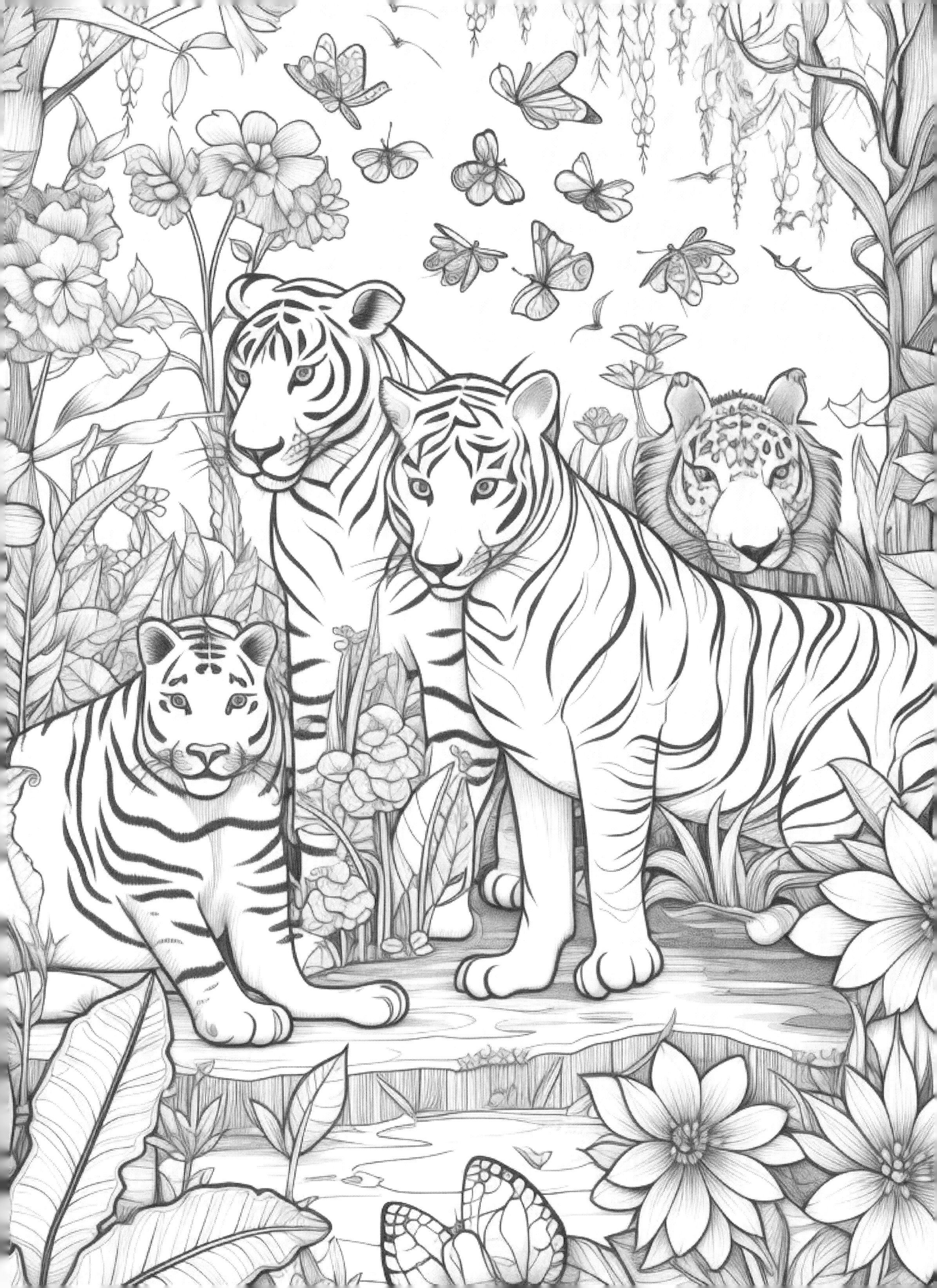

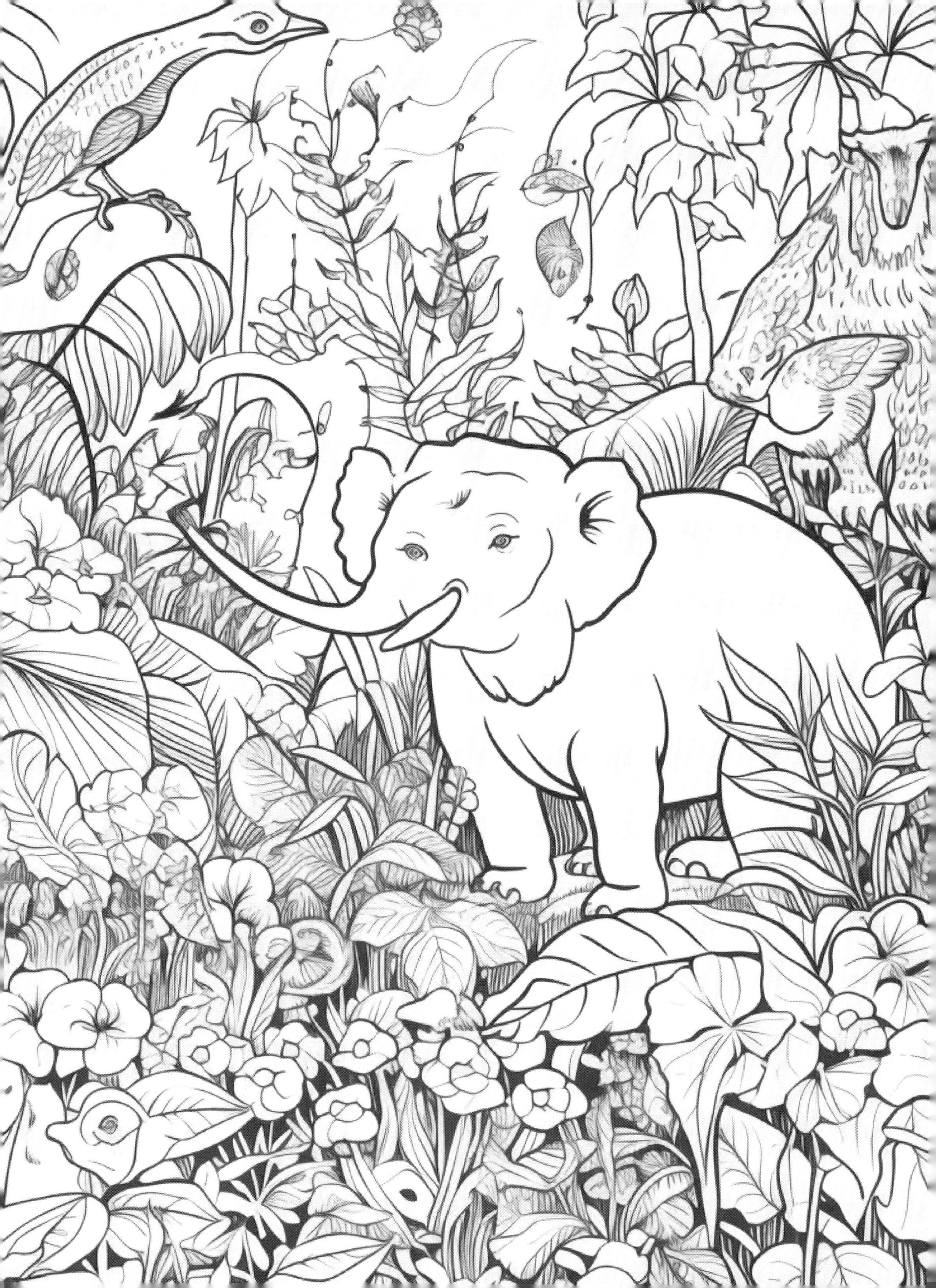

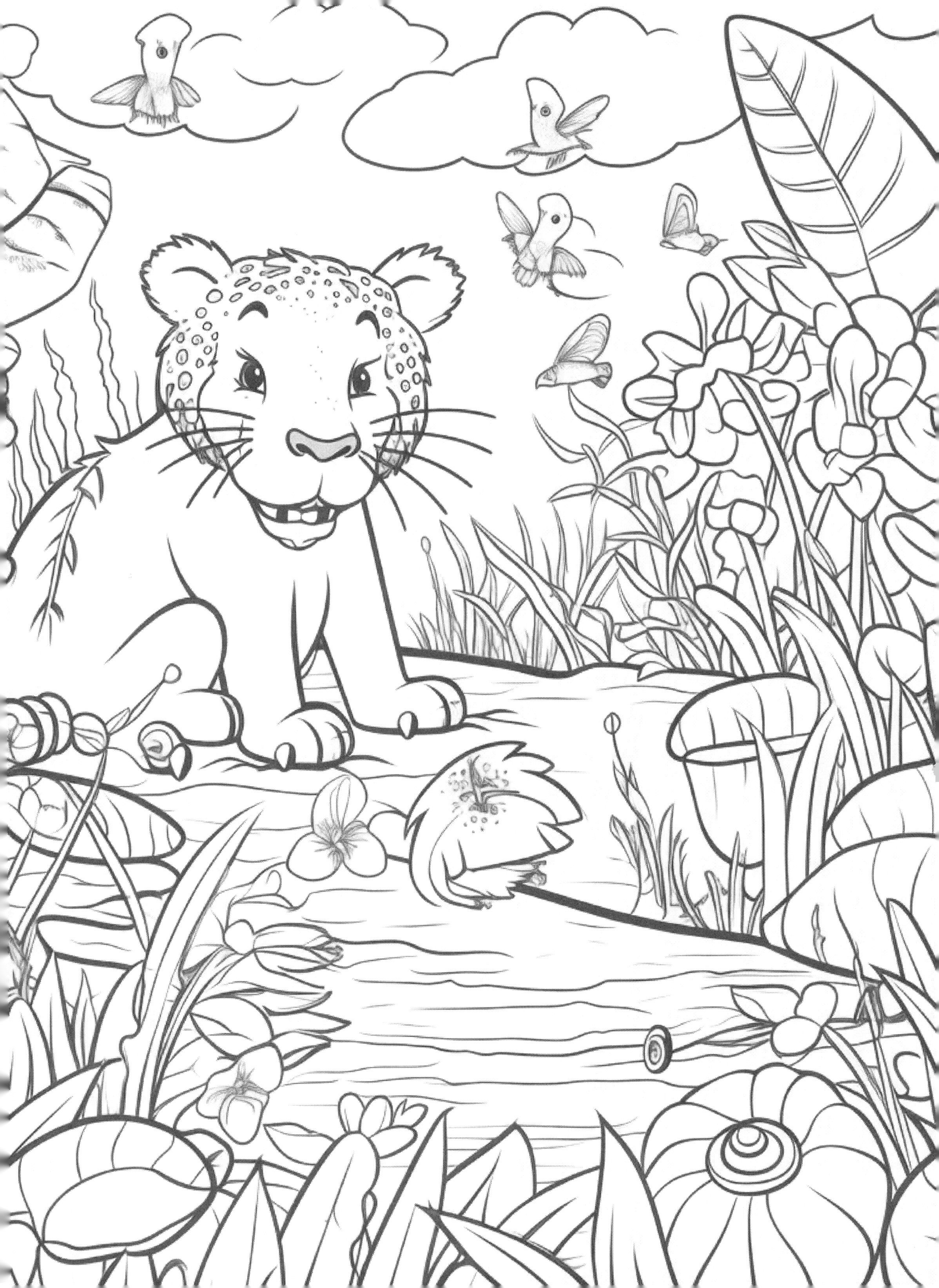

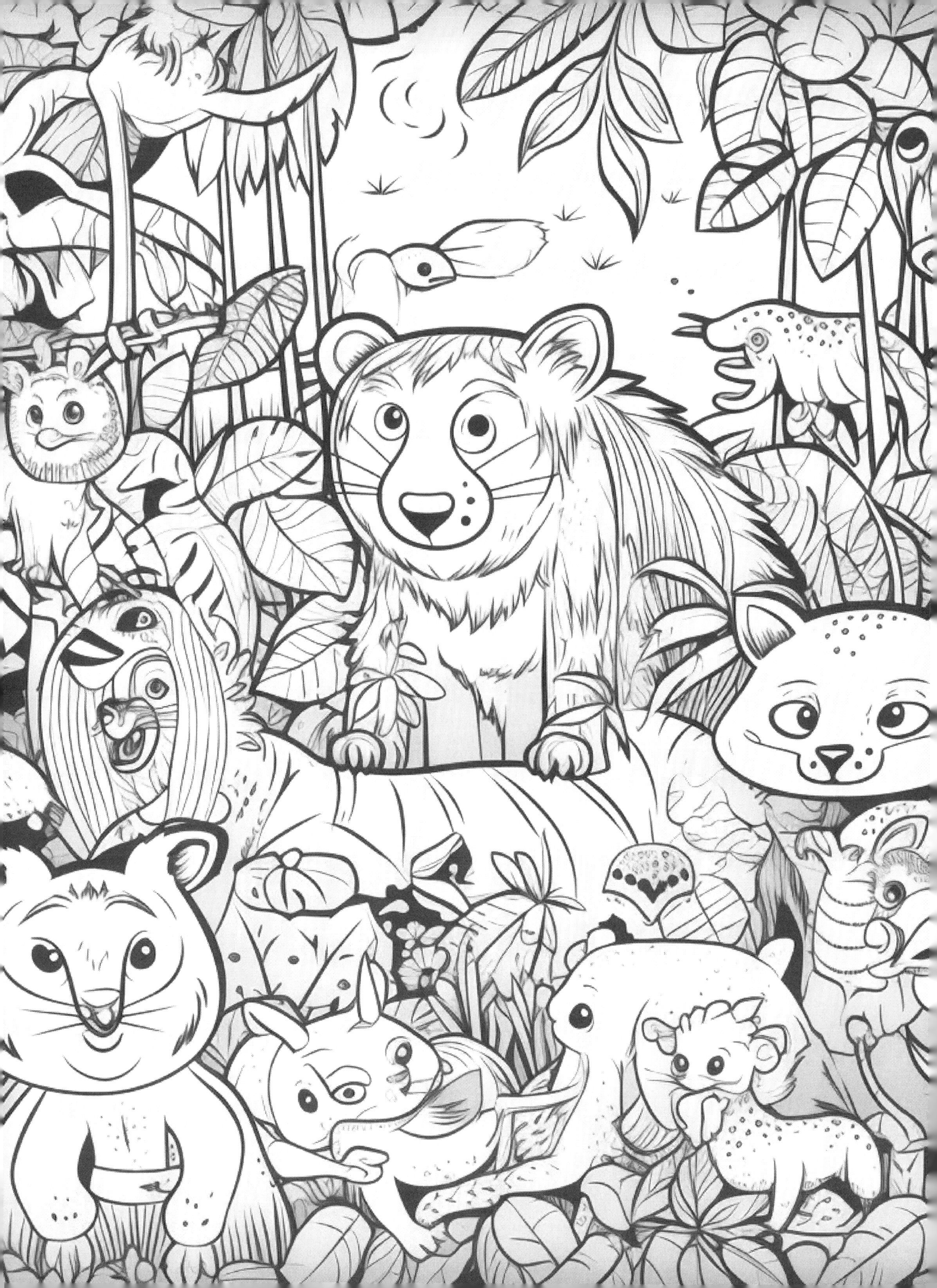

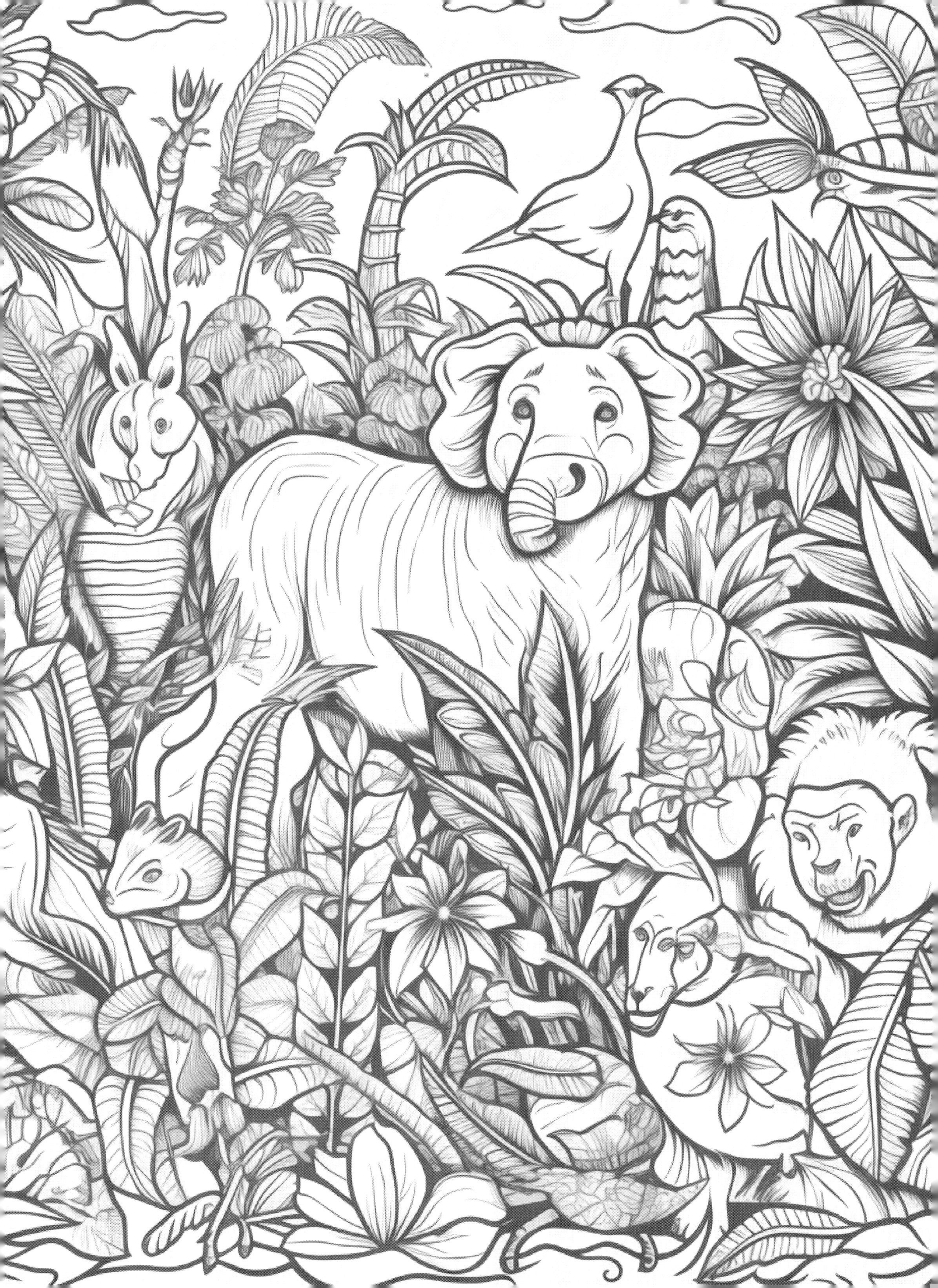

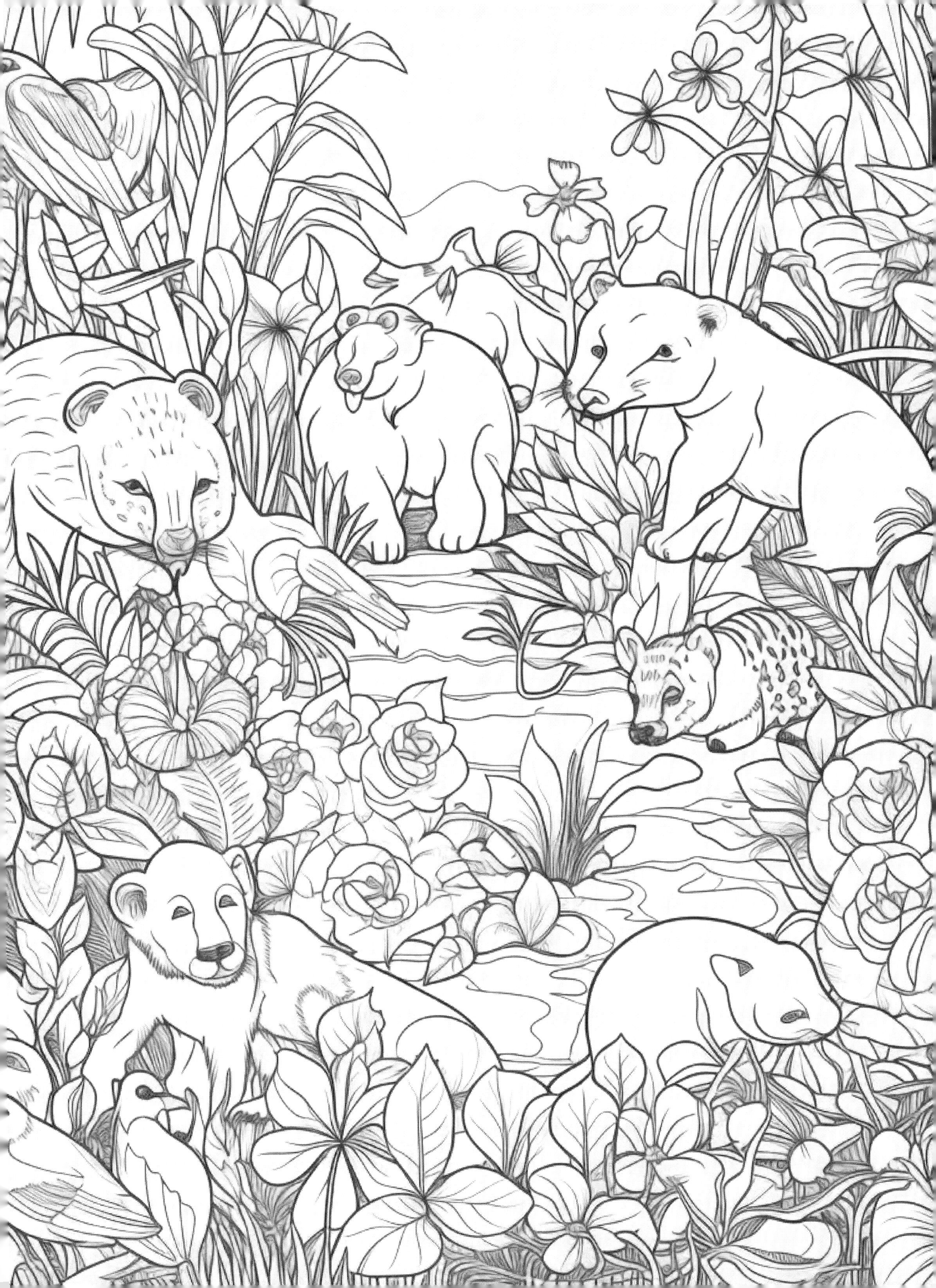

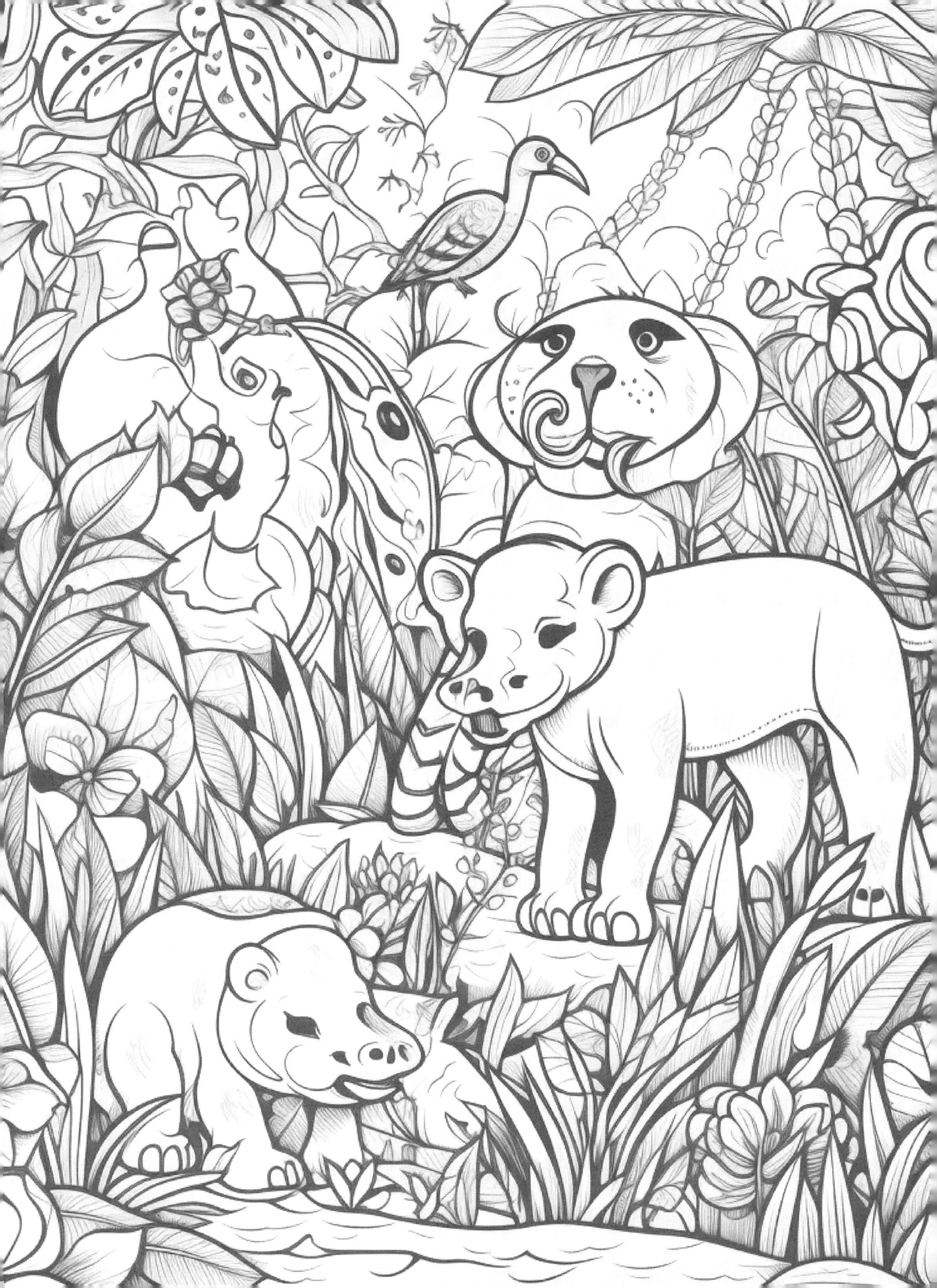

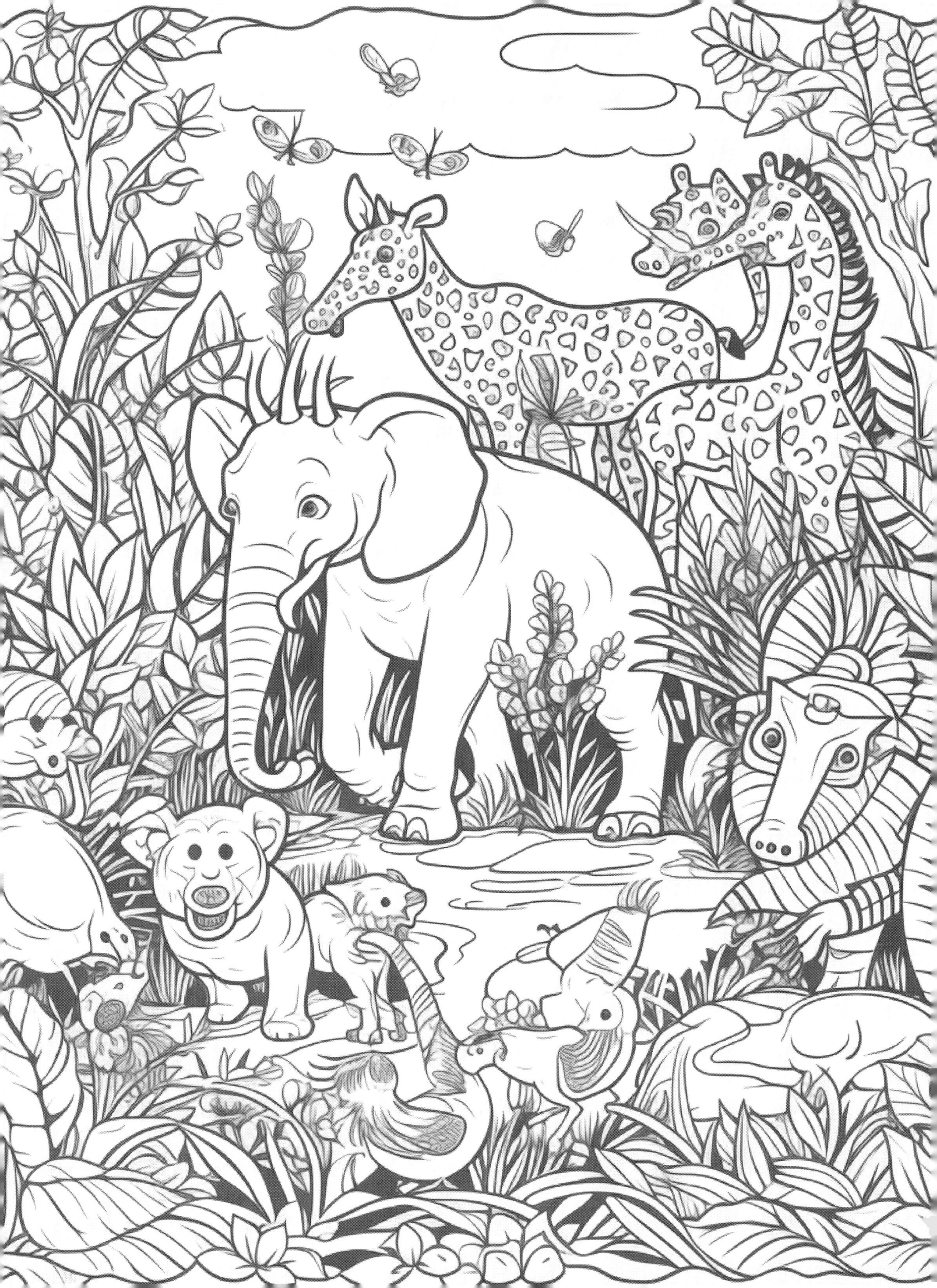

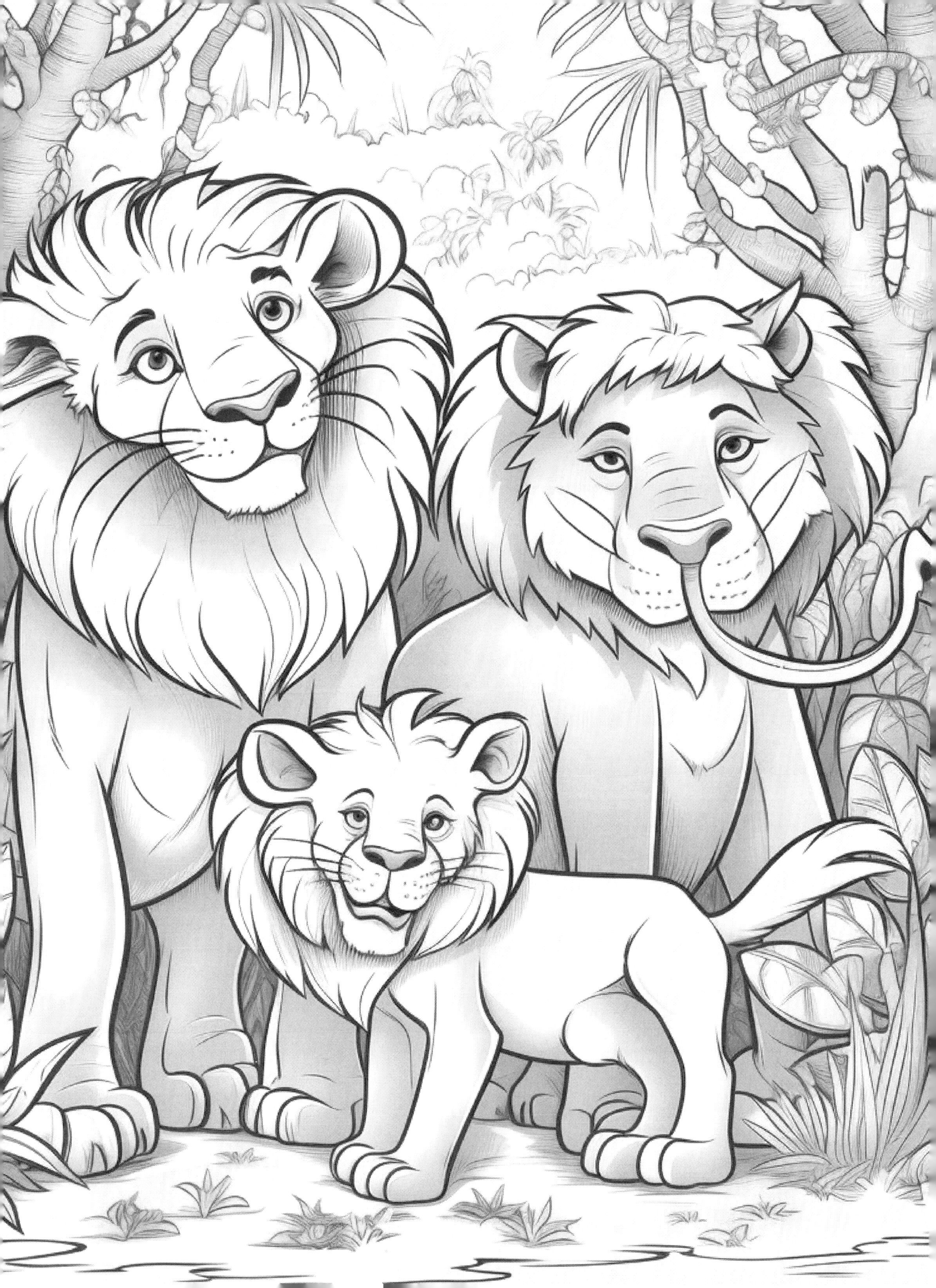

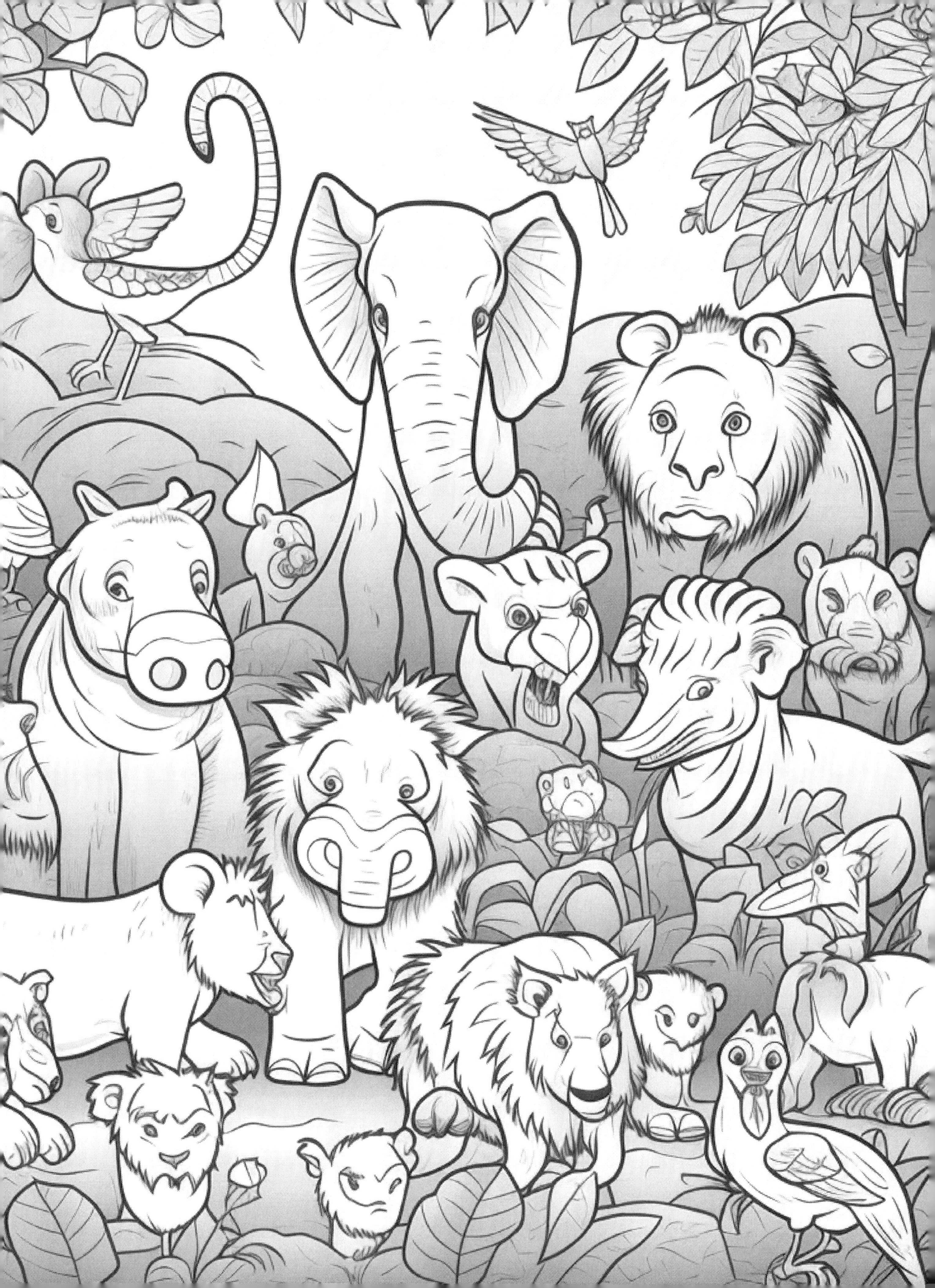

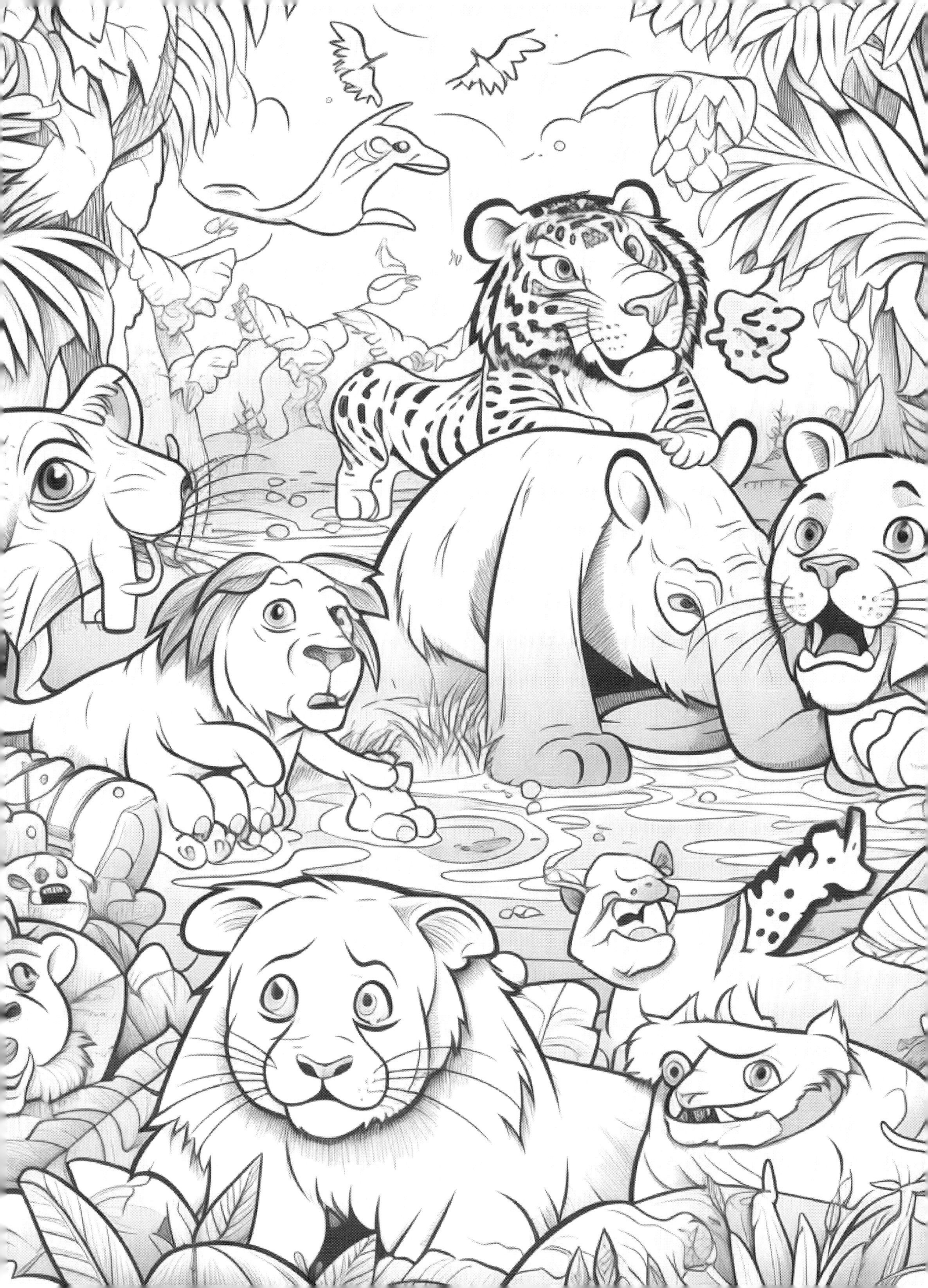

Made in the USA
Columbia, SC
07 December 2023

27991897R00046